Sous le ciel étoilé…

Dépôt légal : D/2009/4323/24

ISBN : 978-2-87356-446-9

Maquette et mise en page : Jean-Marie Schwartz et Fleur Nabert

Imprimé en Belgique

Sous le ciel étoilé…

Contentes et paraboles

recueillis par

Charles Delhez

illustrés par

Fleur Nabert

fidélité

À la 26e unité scoute de Blocry,
ces histoires que je leur ai racontées, et encore d'autres.

Introduction

Personne ne résiste à une histoire

COMMENT donner envie de lire une parabole sinon en en racontant déjà une ? Écoute donc.

Ils étaient bons amis. Ils voyageaient dans le désert. Mais, ce jour-là, une dispute éclata. À bout d'arguments, l'un des deux gifla l'autre. L'ami humilié s'arrêta et, de son doigt, écrivit dans le sable : « Aujourd'hui, mon ami m'a giflé. » Ils continuèrent leur voyage en silence. Au bout de plusieurs jours, ils se retrouvèrent au bord d'un fleuve qu'il leur fallait traverser à la nage. Ils se jetèrent à l'eau, mais après quelques brassées, celui qui avait été giflé se mit à couler. Son ami, alors, le prit à bras le corps et l'amena sur l'autre rive. Revenu à lui, le rescapé chercha une grosse pierre et, sur celle-ci, grava avec un stylet : « Aujourd'hui, mon ami m'a sauvé de la noyade. — Pourquoi, lors de notre dispute, as-tu écrit ton message dans le sable et, aujourd'hui, le graves-tu sur la pierre ? demanda le sauveteur. — Quand un ami nous offense, répondit le rescapé, il faut l'écrire sur le sable afin que, rapidement le vent du pardon l'efface. Mais lorsqu'un ami est bon pour nous, il faut le graver dans la pierre pour que jamais le cœur ne l'oublie.

J'en aurai raconté, des histoires, dans ma vie… Souvent, en effet, j'ai dû parler à des groupes plus ou moins grands, et sous différentes latitudes. Chaque fois que j'annonçais une histoire, chacun réveillait son attention, quel que soit son âge. Le langage des histoires est universel. Les idées que j'ai développées, on les oubliera, comme des dessins sur le sable. Les histoires, elles, resteront gravées dans la mémoire, et peut-être se les racontera-t-on encore…

C'est à toi, jeune lecteur que je dédie en priorité ces contes et autres paraboles. Je souhaite qu'ils rejoignent ce qu'il y a de plus profond en toi. Je voudrais qu'elles te fassent rêver, non pas d'exploit, de gloire ou de conquête, mais d'un monde meilleur dont tu sois l'artisan. Mais je les offre aussi à tes aînés, quel que soit leur âge, à tous ceux qui sont encore capables de rêver.

Quels sont les livres impérissables ? Peut-être répondras-tu aussitôt : *Le Petit Prince*, *Oscar et la Dame Rose*… Ces textes, débordants d'imagination et pleins de poésie, t'ont touché au cœur… Dans ces quelques pages, je t'en propose d'autres, plus brefs. Si tu les lis le soir, avant de t'endormir, peut-être changeront-ils tes rêves. Le lendemain, lorsque tu sortiras de ton sommeil réparateur, tu pourras te mettre à la tâche…

Charles Delhez, s.j.

Le mystère de l'attaché-case

Pedro avait seize ans. Mais à en juger d'après sa carrure frêle et sa voix fluette, on lui en aurait donné douze. Les copains n'étaient pas tendres avec lui : « Bonzaï », « nabot » et « no-biceps » étaient les surnoms les plus fréquents… Pedro se voulait imperturbable sous cette pluie de quolibets (« qui tombe sur le parapluie de mon indifférence », disait-il), mais ce n'était sans doute qu'une apparence.

Depuis quelque temps, Pedro se promenait avec un attaché-case qui lui donnait l'air d'un homme d'affaires. Il ne s'en séparait jamais. La nuit, il le glissait sous sa couverture ; à table, il le coinçait entre le dossier de sa chaise et lui. À certains moments de la journée, il s'écartait des autres, leur tournait le dos, et ouvrait sa mallette avec un luxe de précautions, comme pour y consulter des trésors…

En tête à tête, l'aumônier du home se risqua à lui demander :

— Qu'est-ce qu'il y a donc à l'intérieur ?

Silence gêné. L'animateur insiste amicalement.

— Tu me promets de ne rien dire ? plaide Pedro, qui accepte enfin d'ouvrir son mystérieux attaché-case.
À l'intérieur, il n'y a rien.
— Oui, c'est vide… et alors ? Tant qu'ils voient cette mallette fermée, ils croient qu'elle contient des choses, explique Pedro.
On a tous besoin d'être important aux yeux des autres. N'est-ce pas normal ? Et quand on est humilié, il faut parfois redoubler d'astuce.

Église Saint-Germain-des-Prés, Paris

Il se tenait à sa place habituelle, sa casquette retournée à côté de lui. Pour un mendiant, le porche d'une église, n'est-ce pas l'endroit idéal ? Voilà qu'un homme sort de l'église et dépose un euro dans la casquette. Comme il a un peu de temps devant lui, il entame la conversation…

— Les journées ne sont pas trop longues ?

— Quand j'en ai marre, je m'en vais.

Au fil de ces propos tout simples, les deux hommes s'apprivoisent, et le mendiant se met à partager ses rêves… il aurait tellement aimé s'acheter une mobylette ! À la fin de la conversation, tirant de sa poche un petit cake emballé, il l'offre à celui qui lui a fait l'aumône. Plus tard, celui-ci dira : « J'ai rencontré un mendiant, j'ai quitté un homme. » Ceux qui font la manche n'ont-ils pas souvent autant besoin d'un sourire que d'une pièce de monnaie ? Et la plus grande preuve de dignité n'est-elle pas de pouvoir donner à son tour ?

Le chapelet du savant

Dans le train, un étudiant voyageait à côté d'un homme qui paraissait assez aisé. « Un riche paysan, sans doute », pensa l'étudiant. Soudain, l'homme tira de sa poche un chapelet. Les perles se mirent à glisser entre ses doigts : il priait.

L'étudiant crut bon de l'interrompre.

— Monsieur, la religion est passée de mode… Vous y croyez encore ?

— Mais certainement, répondit son voisin. Pas vous ?

L'étudiant se mit à rire.

— Non, vraiment pas. Permettez-moi de vous donner un conseil : jetez votre chapelet aux orties et demandez plutôt à la science de répondre à vos questions.

— La science ? Elle me dépasse, répondit le vieil homme avec humilité. Peut-être pourriez-vous me l'expliquer ?

L'étudiant vit que son voisin était sincère : il en avait même les larmes aux yeux !

— Donnez-moi votre adresse pour que je vous envoie de la documentation, proposa-t-il.
L'homme mit la main à la poche de son veston, y prit une carte de visite, et la tendit à l'étudiant avec un gentil sourire. Le jeune homme regretta alors de ne pas être assez petit pour se cacher sous la banquette… Voilà ce qu'il lisait : « Louis Pasteur, directeur de l'Institut Pasteur ».

La bicyclette jaune

C'était son plus grand rêve : une bicyclette jaune. Un rêve tellement grand, qu'il n'hésitait pas à prier chaque jour le Bon Dieu pour qu'il inspire au Père Noël de la lui offrir. On lui avait appris que Dieu écoute toujours les prières, surtout celles des enfants, et qu'il y répond. Mais il ne savait pas encore que le Père Noël, ce sont les parents ; or les siens n'avaient pas de quoi offrir un si beau jouet, bien trop coûteux. Vient enfin le jour tant attendu ! Au milieu des quelques cadeaux, il ne trouve pas un emballage plus grand que les autres, qui aurait pu cacher l'objet de ses rêves et de sa fidèle prière. Avec délicatesse, mais aussi avec une certaine crainte, sa maman l'interroge : elle essaie de voir si son enfant n'avait pas été trop choqué par le silence de Dieu…

— N'es-tu pas trop triste que Dieu ne t'ait pas entendu ?

— Mais si, maman, il m'a entendu et il m'a même répondu !

— Et que t'a-t-il donc dit ?

— Il m'a dit : « Non ! » C'est sa réponse, et je l'accepte…

Dans un camp nazi

Tous les soirs, dans ce camp de concentration, l'un des gardiens arpentait les rangs des prisonniers en faisant tournoyer sa matraque. Soudain, il s'arrêtait devant quelqu'un et le rouait de coups sans aucune raison. À chaque fois que le gardien commençait sa sinistre promenade, les prisonniers tremblaient : « Est-ce que ce sera mon tour aujourd'hui ? »
Un matin, un homme alla trouver ce gardien. Il lui dit : « Puisque tu as besoin de frapper quelqu'un chaque jour, je me porte volontaire pour ce soir. » Le nazi en resta muet de stupeur : il regardait le prisonnier sans comprendre. Celui-ci poursuivit : « Tu as une conscience. Moi aussi, j'en ai une. Elle me dit de me porter volontaire pour épargner mes camarades. » Le gardien retrouva sa langue : « Moi ? je n'ai pas de conscience. — Si, tu en as une. Tu vas voir : jusqu'à ce soir, tu n'arrêteras pas de penser à ce que je t'ai dit. »
Depuis ce jour-là, le gardien n'a plus jamais frappé personne.

Erreur sur une soupe

Dans un self-service, une dame d'un certain âge a pris un bol de soupe. Au moment de s'installer à l'une des nombreuses tables, elle se rend compte qu'elle a oublié de prendre une cuillère. Déposant son plateau, elle va donc en chercher une. Une mauvaise surprise l'attend à son retour : installé devant sa soupe, un étranger est en train d'y goûter ! « Plutôt gonflé, cet étranger ! » pense la dame. Elle s'assied, attire à elle le bol de soupe, et dit d'un ton à peine aimable : « Vous permettez ? »

Sur ce, elle plonge sa cuillère dans la soupe… Mais voilà que l'étranger décale le bol au milieu de la table, et y retrempe sa cuillère ! Muette devant tant d'audace, la dame n'ose pas faire un scandale, et partage la soupe. À la fin, l'étranger va chercher un grand plat de frites qu'il pose au milieu de la table. Il invite sa voisine à se servir : comme la soupe, les frites sont partagées. L'étranger quitte alors la table avec un grand merci.

La dame songe aussi à s'en aller. Elle cherche le sac à main qu'elle avait accroché à son dossier. Plus de sac ! La dame réprime un cri : « Cet étranger… ! ? » Elle balaie le restaurant du regard. C'est alors qu'elle découvre à deux pas, sur une chaise semblable à la sienne, son sac à main. Devant la chaise vide, un bol de soupe ne cesse de fumer, sur un plateau où manque une cuillère… Ce n'est pas l'étranger qui a mangé sa soupe : c'est elle qui, en se trompant de table, a mangé celle de l'étranger. Et en partant, il lui a dit merci.

Tu ne m'as pas aidé !

Dans la cour de récréation, un enfant handicapé tombe. Ses béquilles sont par terre à côté de lui. Il n'arrive pas à se relever et appelle l'instituteur, qui accourt aussitôt. Mais l'instituteur se campe devant l'enfant et lui dit :
— Relève-toi tout seul.
L'enfant pique une colère, mais l'instituteur reste de marbre. L'enfant crie de plus belle, l'instituteur ne bouge pas d'un pouce. Il ne reste plus qu'une solution à l'enfant : essayer de ramener les béquilles à lui pour se relever lui-même. Au bout de trois quarts d'heure d'efforts, le voilà enfin debout. Il s'écrie :
— J'ai réussi ! Et tu ne m'as pas aidé.
Un sourire éclaire le visage de l'instituteur. L'enfant corrige :
— Si, tu m'as aidé.

Porter son propre frère !

La voiture qui nous avait conduits jusque-là avait dû être laissée au bord de la route, au bas de cette colline assez escarpée. Nous voici alors partis pour une ascension à pied, par un sentier étroit, raide et plein de cailloux. Fatigué par le trajet et la chaleur brûlante, je proposai une petite halte à un tournant du sentier et je m'assis par terre, pour souffler un peu.

Tout à coup surgit une fillette d'une dizaine d'années, qui montait presque en courant. Visiblement, elle se hâtait le plus vite qu'elle pouvait. Or, elle avait les pieds nus et portait sur son dos un petit garçon, qui avait dû faire une chute et s'était blessé au genou : son sang coulait goutte à goutte sur le sentier, en marquant son passage. Lorsqu'elle passa à ma hauteur, je me permis de faire à la fillette une remarque :

— Ma grande fille, tu portes là un lourd fardeau, et tu cours…

Aussitôt, après un petit signe à mon confrère rwandais, elle me lança un regard ardent et me répondit :

— Mais ce n'est pas un fardeau ! C'est mon frère, et il est blessé !
Et sans attendre, elle reprit sa course pour le ramener à la maison des parents, située en haut de la colline.

Le cadeau d'Yvan

Yvan est infirme moteur cérébral : il a toute sa tête mais ne parvient pas à coordonner ses gestes. Joyeux comme un pinson, il s'est attiré une foule d'amis. Chaque année, le matin de son anniversaire, il trouve devant sa porte un magnifique colis choisi avec goût et amitié. Tout excité, Yvan déballe le paquet multicolore et fouille les moindres replis du papier. Aucune trace de celui ou celle qui a offert le cadeau ! Et voilà des années que sa déception se renouvelle. Lorsque Yvan raconte ces anniversaires déconcertants, sa voix se teinte d'une certaine tristesse. La joie d'un cadeau est aussi d'embrasser celui qui l'a offert…

Je sais par elle que je suis vivant

Une léproserie. Au sens le plus navrant, le plus odieux du terme… Des hommes qui ne font rien, auxquels on ne fait rien et qui tournent en rond dans leur cour, dans leur cage…
Des hommes seuls. Pis : abandonnés. Pour qui tout est déjà silence et nuit.
L'un d'eux pourtant — un seul — a gardé les yeux clairs. Il sait sourire et, lorsqu'on lui offre quelque chose, dire merci.
L'un d'eux — un seul — est demeuré un homme.
La religieuse voulut connaître la cause de ce miracle. Ce qui le retenait à la vie… Elle le surveilla.
Et elle vit que chaque jour, par-dessus le mur si haut, si dur, un visage apparaissait.
Un petit bout de visage de femme, gros comme le poing, et qui souriait. L'homme était là, attendant de recevoir ce sourire, le pain de sa

force et de son espoir… Il souriait à son tour et le visage disparaissait. Alors il recommençait son attente jusqu'au lendemain.
Lorsque la missionnaire les surprit : « C'est ma femme », dit-il simplement.
Et après un silence : « Avant que je vienne ici, elle m'a soigné en cachette. Avec tout ce qu'elle a pu trouver. Un féticheur lui avait fourni une pommade. Elle m'en enduisait chaque jour la figure… sauf un petit coin. Juste assez pour y poser ses lèvres… Mais ce fut en vain. Alors on m'a ramassé. Mais elle m'a suivi. Et lorsque chaque jour je la vois, je sais par elle que je suis vivant… »

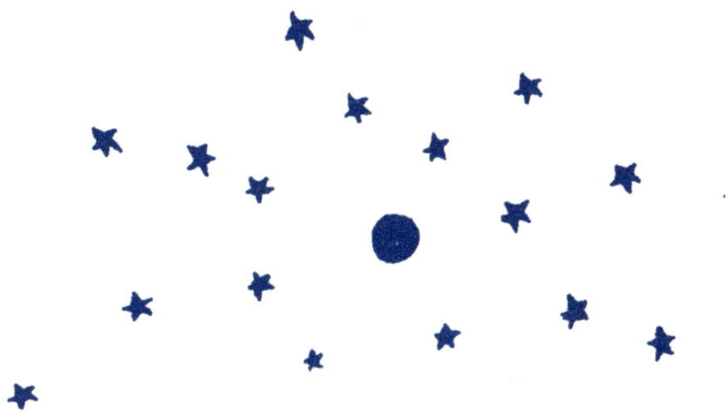

Un chapardeur au cœur d'or

Jean-Noël s'était taillé une solide réputation de voleur et de menteur, à tel point qu'on le surnommait le « mentissimeur ». Mais sa plus grande caractéristique était son cœur d'or. Pensionnaire d'un orphelinat, il avait été adopté dans son enfance par une femme qu'il appelait sa « grand-mère » et qui, devenue âgée, était maintenant à l'hôpital.

Un jour, Jean-Noël vient lui rendre visite avec un magnifique bouquet de fleurs. Grand-mère ne cache pas son émotion :

— Oh, Jean-Noël, quelle folie ! Un bouquet si gros, si beau, comment te remercier ?

En rentrant au foyer, Jean-Noël raconte fièrement à l'aumônier la belle surprise faite à la vieille dame.

— Et l'argent, où l'as-tu trouvé ? demande le prêtre.

Désarçonné par cette question imprévue, Jean-Noël improvise :

— Hier, j'ai croisé un copain qui me devait de l'argent. Il m'a payé sa dette.
— Tu es sûr ?
— Certain.
— Moi pas, rétorque le prêtre. Ces interventions systématiques du Ciel en ta faveur m'étonnent un peu…
Jean-Noël ne sait plus sur quel pied danser. Il finit par avouer la vérité : il a volé une sacoche dans un café. Mal à l'aise, il farfouille dans sa poche pour se donner une contenance, laissant ainsi apparaître l'extrémité d'une chaînette en or…
— Qu'est-ce que c'est ? Fais voir, demande l'aumônier.
Au bout de la chaînette, il y a une belle montre en or.
— Un copain, aussi ?
— Non, une copine… Un souvenir qu'elle m'a laissé…
Le prêtre n'est pas dupe, et Jean-Noël finit par lâcher :
— La chaînette dépassait du tiroir de la table de nuit de Grand-mère… je n'ai pas pu résister.
— Tu iras la rendre.
— Oh, non ! j'aurais trop honte.
Le prêtre va rendre la montre lui-même à la grand-mère et lui raconte toute l'histoire.

— Il est tellement généreux, dit la vieille dame avec émotion. Un bouquet aussi beau ! Mais pourquoi est-ce qu'il ne peut pas s'empêcher de mentir et de voler ? Dites-lui bien que ces fleurs m'ont vraiment touchée. Quant à la montre, qu'il la garde. Vous comprenez, à mon âge… C'était un souvenir de mon mari, oui, mais qu'il la garde.
Le prêtre, à son retour, raconte l'entrevue à Jean-Noël. Celui-ci baisse la tête, très vite. Pas assez vite pour cacher une larme qui s'est mise à briller dans son regard.

Qui plie votre parachute ?

Charles Plumb, pilote de la marine américaine pendant la guerre du Viêt Nam, a réussi avec éclat soixante-quinze missions dangereuses. À la soixante-seizième, son avion a été touché par un missile. Sauvé par son parachute, il a été capturé par les Vietnamiens et a passé six ans en captivité. Enfin délivré, il commence une tournée de conférences pour raconter ses aventures.

Un jour, dans un restaurant, un inconnu vient l'aborder :

— Vous vous appelez Charles Plumb. Vous pilotiez un avion du porte-avions Kitty Hawks.

L'ancien aviateur est stupéfait :

— Comment le savez-vous ?

— C'est moi qui avais arrangé votre parachute. Je vois qu'il a fonctionné !

— Bien sûr, répond Plumb dans un murmure. Sinon, je ne serais pas là aujourd'hui.

La nuit suivante, l'ex-pilote ne trouve pas le sommeil. Il ne cesse de penser à son sauveur.

— De quoi avait-il l'air dans son uniforme ? Combien de fois l'ai-je croisé sans même le saluer ? Moi, pilote de chasse… lui, simple marin… et pourtant…

Le héros pense aux heures interminables que le marin a passées dans les entrailles du bateau à plier soigneusement la toile de chaque parachute, tenant dans ses mains le destin de pilotes qui ne le remarquaient même pas.

Maintenant, Charles Plumb ajoute toujours cette anecdote à ses conférences. À la fin, il ajoute :

— Et vous, qui plie votre parachute chaque jour ? N'oubliez pas de remercier cette personne…

Auto-stop

Il pleuvait à verse, raconte un automobiliste, mais j'étais bien au sec dans ma voiture. Avant de partir, j'avais lu une page d'évangile pour la route : la parabole du bon Samaritain.
Et maintenant, le moteur tournait rond, j'étais heureux, et je priais le chapelet. Soudain, deux auto-stoppeurs, un garçon et une fille, la pluie entre les dents. Personne ne s'arrêtait, bien entendu, puisqu'ils étaient trempés ! J'ai fait comme tout le monde.
C'est alors que s'est produit un phénomène incroyable : je n'arrivais plus à dire mon chapelet. Impossible ! Le contact était rompu ! J'ai fini par faire demi-tour.
Les tourtereaux mouillés étaient toujours là. Je les ai embarqués. Emmitouflés dans une vieille couverture que j'avais dénichée au fond de mon coffre, ils n'en revenaient pas :
— N'est-ce pas vous, Monsieur, qui êtes passé il y a cinq minutes ? Et vous êtes revenu exprès ? Pourquoi ?

Je leur ai dit la vérité : la parabole du Bon Samaritain, le chapelet, et puis mon malaise insupportable. Au lieu de sourire, ils ouvraient de grands yeux. Le garçon a conclu :

— Eh bien ! je ne savais pas que la religion, c'était ça…

Le pêcheur satisfait

Un riche industriel passe devant un pêcheur qui se prélasse à côté de son bateau. L'industriel l'aborde d'une voix choquée :

— Vous n'êtes pas à la pêche ?

— Non. J'ai pris assez de poisson pour la journée.

— Mais vous pourriez toujours en pêcher davantage !

— Qu'est-ce que j'en ferais ?

— Vous gagneriez plus d'argent. Avec vos gains, vous pourriez ajouter un moteur à votre bateau : vos pêches auraient un meilleur rendement. Cela vous permettrait d'acheter des filets de nylon. Ces filets vous rapporteraient de quoi posséder deux bateaux… peut-être même une flotte entière. Vous seriez enfin riche, comme moi.

— Qu'est-ce que je ferais, alors ?

— Vous pourriez profiter de la vie.

— Qu'est ce que vous pensez que je fais en ce moment ?

Jusqu'au bout de l'effort

Ma journée a été dure. Des kilomètres de randonnée en montagne dans le nord de l'Ardèche, sous un soleil de plomb. Parfois, en chemin, j'ai croisé des routes départementales. J'ai été tenté de faire du stop pour abréger cette marche que j'avais pourtant décidée… Seul mon amour-propre m'en a empêché.

Mon défi accompli, quelle fierté de monter dans le bus du retour, au crépuscule ! J'ai besoin d'être admiré. En saluant le chauffeur, je lui glisse fièrement :

— C'est ce qui s'appelle tenir bon. J'ai été jusqu'au bout de mon effort.

Le chauffeur me répond du tac au tac :

— Moi aussi. Si je n'étais pas allé jusqu'au bout du mien, je n'aurais pas été là pour vous reprendre !

À la recherche de la paix

Il était une fois une petite ville dont les habitants arboraient toute l'année un visage triste et morose. Malheureux de voir une telle ambiance régner dans sa ville, le maire fit une proclamation publique :
— Y aurait-il parmi vous un volontaire pour partir chercher la paix ? Je crois que la paix serait la solution à tous nos problèmes !
Un vieux jardinier accepta de partir. De longues semaines passèrent. Le vieux ne revenait pas et les mauvaises herbes envahissaient son jardin. Ce spectacle désolait sa vieille voisine. Elle finit par s'armer d'une bêche et se mit au travail pour entretenir le jardin abandonné.
D'autres voisines la regardaient par leurs fenêtres. Elles dirent à leurs grands gaillards de fils :
— Vous n'avez pas honte de rester plantés devant la télévision pendant que cette vieille dame est courbée sur sa bêche ?
— Personne ne l'y a forcée, marmonnèrent-ils. Mais ils avaient mauvaise conscience et finirent par la rejoindre. L'été arriva : le jardin fleu-

rissait, il y avait fort à faire. D'autres bonnes volontés se proposèrent, tous ces camarades de travail se lièrent d'amitié, et le jardin devint un petit bijou. On apportait chaque jour d'énormes bouquets aux malades de l'hôpital, et l'on organisa une grande fête pour déguster ensemble les fruits et légumes du potager.
C'est au cours de cette fête que le vieux jardinier revint. Il fut accueilli par des ovations.
— Je n'ai pas ramené la paix, dit-il. Il paraît qu'elle m'a précédé ici. C'est ce que me disaient les gens que je rencontrais ces derniers temps !

Par la fenêtre

Deux malades partageaient une chambre d'hôpital. L'un d'eux ne pouvait pas quitter son lit. L'autre s'asseyait à la fenêtre et racontait à son camarade tout ce qu'il voyait dehors : les arbres, les fleurs, les enfants qui jouaient… Mais un jour, ces jolis récits s'abîmèrent dans le silence : leur auteur était mort. Comme son compagnon de chambre allait mieux, il demanda à une infirmière de l'aider à atteindre la fenêtre. Il eut aussitôt un cri de surprise :

— Mais… je ne vois qu'un mur gris !

L'infirmière répondit :

— Votre ami était aveugle. Il pensait que ses histoires vous feraient du bien.

Le cheval dans la pierre

Au centre du village se trouvait un énorme bloc de pierre informe qui défigurait la jolie place principale. Un jour, les villageois décidèrent d'en finir avec cette masse encombrante. Il fallait l'enlever de là ! Mais un sculpteur qui passait par là les en dissuada :

— Je peux faire de ce rocher une œuvre d'art dont vous serez fiers.

Les villageois acceptèrent sa proposition. Pendant des semaines, on entendit le sculpteur travailler derrière la palissade qui entourait le bloc de pierre. Lorsqu'il dévoila son œuvre au public, une vague d'applaudissements déferla sur la place : il avait réalisé un magnifique cheval ! Au premier rang de l'assistance, un enfant écarquilla les yeux et demanda à l'artiste :

— Comment tu avais deviné qu'il y avait un cheval dans le rocher ?

Cache-cache

Jéchiel, le petit-fils du grand rabbin Baruch, jouait à cache-cache avec un ami. Il se cacha avec soin et attendit. Toute la journée s'écoula ! Lorsqu'enfin il sortit de sa cachette, il ne trouva nulle part son ami. Il comprit que celui-ci n'était pas entré dans le jeu : il ne l'avait jamais cherché…

Très amer, il se mit à pleurer et alla trouver son grand-père pour se plaindre de la méchanceté de son ami. Et voilà qu'une larme brilla dans le regard du grand rabbin, qui répondit :

— Dieu se plaint comme toi : « Je me cache, et personne ne me cherche. »

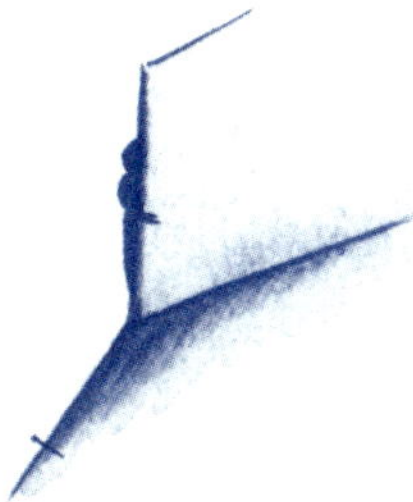

Il avait besoin de tous ses outils

Il y avait une fois, il y a bien longtemps de cela, dans un petit village nordique, un atelier de charpentier. Un jour que le maître était absent, les outils se réunirent en grand conseil sur l'établi. Les conciliabules furent longs et animés, ils furent même véhéments. Il s'agissait d'exclure de la communauté des outils un certain nombre de membres.

L'un prit la parole : « Il nous faut, dit-il, exclure notre sœur la scie, car elle mord et elle grince des dents. Elle a le caractère le plus grincheux du monde. »

Un autre dit : « Nous ne pouvons conserver parmi nous notre frère le rabot qui a le caractère tranchant et qui épluche tout ce qu'il touche. »

« Quant au frère marteau, dit un autre, je lui trouve le caractère assommant. Il est tapageur. Il cogne toujours et nous tape sur les nerfs. Excluons-le. »

« Et les clous ? Peut-on vivre avec des gens qui ont le caractère aussi pointu ? Qu'ils s'en aillent ! Et que la lime et la râpe s'en aillent aussi. À vivre avec elles, ce n'est que frottement perpétuel. Et qu'on chasse le papier de verre dont il semble que la raison d'être dans cet atelier soit de toujours froisser ! »

Ainsi discouraient en grand tumulte les outils du charpentier. [...]

La réunion bruyante prit fin subitement par l'entrée du charpentier dans l'atelier. On se tut lorsqu'on le vit s'approcher de l'établi. Il saisit une planche et la scia avec la scie qui grince. La rabota avec le frère rabot au ton tranchant qui épluche tout ce qu'il touche. Le frère ciseau qui blesse cruellement, notre sœur la râpe au langage rude, le frère papier de verre qui froisse, entrèrent successivement en action. Le charpentier prit alors nos frères les clous au caractère pointu et le marteau qui cogne et fait du tapage. Il se servit de tous ses outils au méchant caractère pour fabriquer un berceau. Pour accueillir l'enfant à naître. Pour accueillir la Vie.

Le sang donné

Il y a quelques années, je travaillais comme bénévole dans un hôpital. J'y ai connu une petite fille qui s'appelait Sophie. Elle souffrait d'une maladie rare et très grave. Son unique espoir de salut était de recevoir une transfusion sanguine. Et la seule personne à pouvoir lui donner son sang était son petit frère, un garçon de cinq ans. Il avait miraculeusement survécu à la même maladie et avait développé les anticorps nécessaires pour la combattre.

Le médecin expliqua la situation à l'enfant.

— Est-ce que tu accepterais de donner ton sang pour sauver ta sœur ?

J'ai vu le petit garçon hésiter un court instant et respirer un grand coup avant de répondre :

— Oui. Je vais le faire, si c'est pour la sauver.

Pendant la transfusion, il était étendu sur un lit à côté de sa sœur. Il a souri, comme nous tous, lorsqu'il a vu Sophie reprendre des cou-

leurs. Puis il a pâli et son sourire s'est fané. Levant les yeux vers le médecin, il a demandé d'une voix tremblante :
— Est-ce que je vais commencer à mourir tout de suite ?
L'enfant avait mal compris le médecin. Il croyait qu'il devrait donner tout son sang pour la sauver sa sœur.

Les ballons noirs sont tout aussi bons

Le petit garçon noir examinait le vendeur de ballons, à l'exposition agricole. L'homme était manifestement bon vendeur, parce qu'il laissa aller un ballon rouge qui s'éleva haut dans les airs, attirant par là une foule de jeunes clients potentiels.

Plus tard, il libéra un ballon bleu, puis un jaune, puis un blanc. Ils s'élevèrent tous haut dans les airs, puis disparurent. Le petit Noir resta longtemps à fixer le ballon noir, puis demanda : « Monsieur, si vous laissiez aller le ballon noir, est-ce qu'il monterait aussi haut que les autres ? »

Le vendeur adressa à l'enfant un sourire entendu. Il brisa la ficelle qui retenait le ballon noir et, pendant que celui-ci s'élevait dans les airs, dit : « C'est pas la couleur, mon garçon, c'est ce qui est à l'intérieur qui le fait monter. »

Le roi et le sage

Alexandre le Grand, roi de Macédoine, s'est lancé à l'assaut du monde. Ses conquêtes fulgurantes l'ont mené jusqu'aux portes de l'Inde. Après la traversée d'une haute chaîne de montagnes, son armée victorieuse a pris position dans la région des Cinq-Courants. Ce héros militaire a toujours été attentif à la culture des pays qu'il découvrait. Lorsqu'il entend parler de Dandamos, un sage errant de la région, sa curiosité s'éveille : il invite aussitôt le sage bouddhique sous sa tente, pour parler avec les sages et les savants qui accompagnent son armée.

Longtemps, Dandamos écoute les autres en gardant le silence. Puis, s'adressant au roi :

— Je possède le monde autant que vous. Même si vous parveniez à inclure tous les fleuves dans vos conquêtes, vous ne pourriez pas boire plus d'eau que moi ! Voilà pourquoi je ne crains rien. Je ne porte pas d'armure et ne détruis pas de villes, mais j'ai, comme vous, la jouissance

de la terre et de l'eau. Disons même que le monde est mon royaume. Apprenez cette sagesse que j'ai faite mienne : ne soyez avide de rien, vous serez maître de tout !
Voilà comment se passa la rencontre entre l'un des plus grands conquérants de l'histoire et un humble sage qui se sentait chez lui partout où ses pas le portaient…

Des pas sur la plage

J'ai fait un rêve. Je longeais la mer et le Seigneur marchait à côté de moi. Nous laissions derrière nous une double empreinte de pas sur le sable. Je me suis retourné pour regarder le chemin parcouru. J'ai constaté qu'à certains endroits, il n'y avait qu'une seule empreinte sur le sable. Et ces endroits-là correspondaient aux jours les plus sombres de ma vie : jours d'angoisse et de doute, jours d'égoïsme et de mauvaise humeur, jours d'épreuves et de malheurs.
Alors, me tournant vers le Seigneur, je me suis mis en colère :
— N'avais-tu pas promis d'être chaque jour avec tes enfants ? Pourquoi m'as-tu laissé seul aux pires moments de ma vie, aux jours où j'aurais eu tellement besoin de toi ?
Et le Seigneur m'a répondu :
— Mon enfant, les endroits où tu ne vois qu'une seule empreinte sont les jours où je t'ai porté.

La fête à l'eau

Le royaume traversait des temps difficiles, mais le roi décida d'organiser une grande fête et d'y inviter tous ses sujets. La joie partagée, pensait ce roi avec sagesse, donne du bonheur à tous... Pour que la fête soit vraiment placée sous le signe du partage, le roi demanda à tous ses invités d'apporter une bouteille de vin. À l'entrée du château se trouverait un immense tonneau et chacun y viderait sa bouteille : ainsi, tout le monde boirait de ces dons mêlés !

Quand tous les invités furent arrivés, les serviteurs allèrent puiser au grand tonneau... et se regardèrent pétrifiés : c'était de l'eau ! Tous les invités avaient eu la même idée : ma bouteille d'eau passera inaperçue parmi ces flots de vin.

Gâchée par l'avarice générale, la journée fut teintée d'amertume. Et lorsque les joueurs de flûte se turent sous les premiers rayons de la lune, les invités rentrèrent chez eux en silence. La fête n'était pas finie : elle n'avait jamais commencé.

La planche à roulettes

— Non, je vous jure ! Je l'ai pas volé, ce skate !
Le policier insiste.
— Tu es un gamin des rues et je te vois avec une planche de luxe. N'essaie pas de me m'embobiner. Tu n'as pas pu te la payer.
— Je l'ai pas payée. Je l'ai reçue !
L'enfant se met à pleurer. Les soupçons qui pèsent sur lui sont trop lourds. Le policier le questionne :
— Et qui te l'a donnée ?
L'enfant se ressaisit.
— Je vais vous le dire comme ça s'est passé.
C'est vrai, il n'est pas né chez les riches. Il habite un foyer pour orphelins. Le matin, il pêche dans les poubelles tout le pain qu'il peut y trouver pour en nourrir les pigeons de la place. Mais ce matin, les écoliers ont chassé tous ses amis à plumes. L'enfant s'est retrouvé seul. C'est alors qu'un inconnu est venu faire du skate sur la place. Repérant l'en-

Le poids de rien

Une mésange interroge une colombe :
— Sais-tu ce que pèse un flocon de neige ?
— Rien d'autre que rien.
La mésange raconte alors un souvenir :
— J'étais perchée sur la branche d'un sapin lorsque la neige s'est mise à tomber. Ce n'était pas une tempête, oh non ! Les flocons se posaient en douceur sur ma branche : on aurait dit un rêve blanc. Je me suis amusée à les compter. Il en est tombé 3 751 952. Au moment où le 3 751 953e s'est posé — rien d'autre que rien, comme tu dis — la branche a cassé.
La mésange s'envole. Restée seule, la colombe se met à réfléchir. Depuis l'époque de Noé, elle ne pense plus qu'à la paix, la paix dont elle est devenue le symbole… Hochant la tête, elle pense :
— Il ne manque peut-être qu'une personne pour que tout bascule et que le monde vive en paix.

Le billet de vingt euros

Un conférencier commence son discours en brandissant un billet de vingt euros. Il demande à la cantonade :
— Qui voudrait ce billet ?
Dans l'assistance, une forêt de mains se lève. Le conférencier sourit :
— Je vais donner ce billet à l'un d'entre vous. Mais laissez-moi d'abord lui prodiguer des soins un peu spéciaux.
Chiffonnant le billet, il en fait une boulette et reprend :
— Vous voulez toujours ce billet ? Que direz-vous si je le maltraite un peu plus ?
Jetant par terre le billet froissé, il l'écrase en sautant dessus à pieds joints.
— Y a-t-il encore un preneur ?
Évidemment, la foule des volontaires n'a pas baissé les bras…
— Mes amis, vous venez d'apprendre une leçon importante. Peu importe les traitements que j'inflige à ce billet : vous le voulez toujours

parce que sa valeur n'a pas diminué. Il vaut toujours vingt euros ! Dans votre vie, il vous arrivera d'être froissés, rejetés, malmenés par les gens ou par les événements. Vous aurez l'impression que vous ne valez plus rien. Eh bien ! je vous le dis : vous aurez toujours le même prix ! Votre dignité ne tient pas à vos actes ni à ce qui vous arrive. Vous pourrez toujours vous relever d'une chute et poursuivre vos objectifs, parce que votre valeur sera intacte.

Les tailleurs de pierre

Nous sommes au Moyen Age. Au cœur d'une ville se dresse un chantier gigantesque. Un peu à l'écart, trois tailleurs de pierre travaillent sous un soleil de plomb. Un passant pose la même question à chacun d'eux :

— Que fais-tu ?

— Tu ne vois donc pas ? répond le premier d'un air renfrogné. Je peine et je sue par cette maudite chaleur.

— En taillant ces pierres, dit le deuxième, je gagne ma vie et celle de ma famille.

Le troisième répond, les yeux brillants :

— Je construis une cathédrale !

Le même travail. Trois manières de le vivre.

Odile et le carré de gazon

Odile, dix ans, voulait gagner un peu d'argent de poche. Comme elle était débrouillarde, elle alla trouver ses voisins qui avaient un grand jardin.

— Est-ce que je peux vous proposer mon aide pour tondre la pelouse ?

Les voisins acceptèrent avec empressement. Après avoir examiné ensemble le fonctionnement de la tondeuse, ils s'entendirent sur un prix. Odile se mit à l'ouvrage et tondit le gazon comme si elle avait été jardinière toute sa vie. Le travail terminé, elle appela ses employeurs.

— Mais… il reste un carré d'herbe haute, là-bas. Tu n'as pas tout à fait fini !

— Ce coin-là, je ne le tondrai pas.

— Alors, tu auras moins que le prix convenu.

— Tant pis pour moi.

Les voisins, intrigués, attendirent le départ d'Odile pour filer voir du côté de l'herbe haute. Un crapaud y dormait profondément. Pour Odile, la vie était sacrée… pas question de passer par-dessus !

Une mère d'exception

La deuxième guerre mondiale bat son plein. Quatre jeunes Belges, comme beaucoup d'autres, sont envoyés en Allemagne dans un camp de travail forcé. Les voilà affectés à une exploitation où ils devront aider la fermière. Celle-ci, en effet, a bien besoin de bras. Elle vit seule depuis la mort de son mari et ses sept fils ont tous été envoyés combattre sur le front russe.

Cette fermière au cœur d'or accueille les quatre Belges avec reconnaissance, sans les traiter comme des prisonniers. Après le premier dîner partagé à sa table, elle les invite à la prière du soir, puis les installe dans la grange pour qu'ils y passent la nuit sur la paille chaude et moelleuse.

Et le travail de la ferme s'organise. Un jour arrive une moto noire porteuse d'une sinistre nouvelle : l'un des fils de la fermière a été tué au front. Le soir, après le souper, celle-ci dit à ses « prisonniers » :

— L'un de vous peut quitter la grange pour s'installer dans la chambre de mon fils, puisque je sais maintenant qu'il ne reviendra plus.
Une deuxième fois, la moto noire débouche dans la cour de la ferme. Un autre fils est mort au combat. La fermière adopte la même attitude.
Quelques mois passent. Le travail de la ferme se poursuit au rythme des saisons. Hélas ! la série des mauvaises nouvelles continue : un troisième, puis un quatrième fils de la fermière tombent en Russie. Désormais, chacun des captifs belges a sa chambre.
Un soir, au début de l'année 1943, la moto redoutée fait place à une voiture noire. L'officier nazi qui en descend s'adresse à la fermière avec grandiloquence.
— Madame, vous êtes une mère allemande exemplaire. Les derniers de vos fils viennent d'être tués à Stalingrad. Vous avez donné sept héros à la patrie, un nombre exceptionnel. C'est pourquoi le Führer en personne m'envoie vous féliciter. Vous pouvez lui demander ce que vous voulez : votre désir sera immédiatement satisfait. *Heil Hitler !*
La fermière se tient très droite. Elle ne veut pas se laisser aller au chagrin devant cet officier. Celui-ci la regarde, curieux de connaître son souhait. Que va-t-elle demander ? Des machines agricoles plus puissantes ? D'autres prisonniers pour l'aider ? Une somme d'argent qui la

mettrait à l'abri du besoin ? Les quatre Belges attendent aussi sa réponse en souffrant pour elle… Et voilà que la fermière dit d'une voix assurée :

— Je demande que ces quatre prisonniers soient renvoyés dès demain et pour toujours en Belgique, auprès de leurs mères.

Tire la corde !

Un jeune étudiant, qui rêvait de devenir le plus savant des hommes, entendit un jour parler d'un vieux sage qui vivait aux confins du royaume. Il était, paraît-il, le plus savant de tous et n'en continuait pas moins à pratiquer son métier de forgeron. Cela troubla tant le jeune homme qu'il se mit aussitôt en chemin. Emportant son bâton de pèlerin, il quitta parents et amis pour rejoindre la ville du grand sage.
Son voyage dura des mois et lui enseigna sans doute plus de choses qu'il n'en avait appris dans les livres. Lorsqu'il trouva enfin l'étroite boutique, il se jeta aux pieds du vieil homme.
— Que désires-tu, mon fils ? demanda le forgeron.
— Apprendre de toi la sagesse.
Pour toute réponse, le forgeron lui tendit la corde qui actionnait le soufflet de la forge et lui dit :
— Tire la corde.
Et, du matin au soir, le jeune homme tira la corde. Les jours suivants,

il tira la corde. Des semaines. Des mois. Au bout d'un an, il osa demander :
— Maître, je voudrais apprendre…
— Tire la corde, ordonna le forgeron en poursuivant son travail.
De nouveaux mois passèrent. Le jeune homme n'osait plus questionner.
Mais, au bout de cinq ans, ce fut le maître qui lui adressa la parole :
— Mon fils, tu peux désormais retourner chez les tiens.
— Mais maître, répliqua son disciple, je veux apprendre. Enseigne-moi !
— Alors, tire la corde, répondit le forgeron !
Cinq nouvelles années passèrent, cinq années de silence et de dur labeur. Le disciple semblait avoir oublié la raison de sa venue. Ce fut le maître qui revint lui parler :
— Mon fils, tu peux à présent retourner chez les tiens. Toute la sagesse du monde est en toi. Je t'ai enseigné la patience.
Et il se remit au travail.
Le disciple boucla son baluchon et il reprit le chemin de son village, le sourire aux lèvres.

La dernière maison

Il était excellent menuisier. L'âge venant, il désirait se reposer, prendre une retraite bien méritée. Lorsqu'il donna sa démission à son patron, celui-ci fut consterné. Le vieil homme était son meilleur ouvrier et son maître d'œuvre le plus efficace : il n'avait pas son pareil pour diriger les autres ouvriers.

— Construis-moi encore une maison de bois, une dernière, veux-tu ?

Devant l'insistance de son patron, le vieux menuisier accepta. Mais il n'avait plus le cœur à l'ouvrage. Il travailla correctement, sans plus. Il mit moins de soin à choisir les ouvriers et à diriger leur travail. Jamais maison ne fut terminée aussi vite ; cependant, elle n'avait pas la grâce habituelle, la petite touche finale qui faisait dire aux admirateurs : « C'est parfait ! » De toutes les maisons que le menuisier avait réalisées, c'était sans conteste la moins belle.

Satisfait d'avoir achevé ce travail imposé et rêvant déjà aux joies de la retraite, le vieux menuisier vint dire adieu à son patron. Celui-ci lui serra chaleureusement les mains.

— Tu as été le meilleur des collaborateurs. Je tenais à te remercier particulièrement. Voilà pourquoi je t'ai fait réaliser cette dernière maison : elle est pour toi. C'est mon cadeau.

C'est ainsi que le menuisier emménagea dans cette maison construite à la va-vite. Son cœur resta longtemps triste et amer. Souvent, il répétait à ses enfants :

— Le dernier mot d'une lettre d'amour doit être aussi bien écrit que le premier.

Le lieu où Dieu habite

Un jour, de savants personnages s'interrogeaient sur le lieu où Dieu habite. L'un d'entre eux dit : dans la nature, bien sûr. Le vieux sage du groupe sourit, hochant la tête d'un signe négatif. Le juif qui était là répondit alors : dans le Temple, sans aucun doute. Ce que s'empressa de corriger le musulman : dans les mosquées, évidemment. Le chrétien se sentit obligé de dire : je crois que c'est dans les églises. Mais le vieux sage n'était toujours pas d'accord. Finalement il dit : Dieu est partout où tu le laisses entrer.

Mais un sage peut toujours rencontrer plus sage que lui. Ainsi, notre ami croisa un jeune homme qui allait se promener dans les bois. Que vas-tu y faire ? demanda-t-il. « Rencontrer Dieu », répondit le jeune. « Mais Dieu est partout », fit évidemment remarquer le vieux sage. Et le jeune de répondre : « Oui, Dieu est partout, mais moi, je ne suis pas partout le même. C'est dans la forêt que je lui ouvre le plus facilement ma porte. »

La chaîne et le peigne

L'amour était leur seule richesse. Pour tout bien matériel, elle avait une chevelure magnifique et lui, une montre en or que son grand-père lui avait léguée. Au plus secret d'elle-même, elle rêvait d'un peigne de nacre pour nouer son « trésor » sur sa nuque ; lui rêvait d'une chaîne en or pour suspendre sa montre à son gilet. Ils ne s'avouèrent jamais ces désirs. Le jour anniversaire de leurs cinquante ans de mariage, il eut un cri de surprise : elle s'était coupé les cheveux.
— Pourquoi as-tu fait cela ? Pour notre anniversaire, je t'avais acheté un peigne de nacre, avec l'argent que j'ai touché en vendant ma montre !
Elle écarquilla les yeux et répondit :
— Moi, j'ai vendu mes cheveux pour t'acheter une chaîne en or !
Ils tombèrent dans les bras l'un de l'autre. Les mots sont importants. Mais parfois, on peut se deviner sans paroles, et même les yeux fermés.

Jean Valjean et les couverts en argent

Jean Valjean, bagnard de longue date, vient d'être libéré et, sans le sou, il arrive un soir chez un vieil évêque rayonnant de bonté. Celui-ci l'invite à sa table et lui offre un lit pour la nuit. Mais Valjean a remarqué qu'il restait encore quelques richesses à son hôte qui pourtant avait déjà presque tout distribué aux pauvres.

Tandis que la maison est endormie, il se relève, dérobe les couverts en argent et s'en va. En cours de route, il est intercepté par des gendarmes qui découvrent le fruit de son larcin. Jean prétend qu'il a reçu ces couverts en cadeau, mais cela ne convainc guère les gendarmes qui le conduisent à notre vieil évêque.
L'évêque regarde Jean et, tout de suite, comprend la situation : « Eh bien, dit-il, je vous avais donné les chandeliers aussi, qui sont en argent comme le reste et dont vous pourrez bien avoir deux cents francs. Pourquoi ne les avez-vous pas emportés avec vos couverts ? » Et il lui

remet les deux chandeliers… Les gendarmes, tout confus, rendent la liberté à leur larron et s'excusent auprès de l'évêque.

Ceux-ci partis, Monseigneur Bienvenu dit à Valjean, qui n'en croit pas ses oreilles : « N'oubliez pas que vous m'avez promis d'employer cet argent-là à devenir honnête homme. » Jean, qui n'a rien promis, en reste tout interdit. Mais l'évêque poursuit : « Jean Valjean, mon frère, vous n'appartenez plus au mal, mais au bien. C'est votre âme que je vous achète ; je la retire aux pensées noires et à l'esprit de perdition, et je la donne à Dieu. »

Ainsi commence le roman de Victor Hugo, *Les Misérables*. Jean se dévouera corps et âme au service des plus pauvres.

Rendez-vous sur la montagne

Un bruit court le long du cloître de l'abbaye : Jésus va apparaître aux moines sur la montagne voisine ! Vite, tous se mettent en chemin comme un seul homme pour honorer cet extraordinaire rendez-vous.
Alors qu'ils traversent le village au pas de course, pressés d'attaquer l'ascension de la montagne, une femme les interpelle. « Mon mari est malade ! Pour l'amour de Dieu, venez le réconforter ! » Dans le cortège, un moine s'arrête, indécis. Et l'apparition de Jésus ? Tant pis, il n'a pas le droit d'être sourd à l'appel de cette femme. Jetant un dernier regard à la montagne, il pénètre dans l'humble maison…
Au cours de la longue conversation qu'il a avec le malade, le moine a comme un éblouissement. L'espace d'un éclair, il voit le visage du vieil homme transfiguré : c'est Jésus lui-même qui lui apparaît !
Lorsque le moine rentre au monastère, ses frères lui apprennent qu'ils n'ont vu personne au sommet de la montagne. Pour ne pas leur faire de peine, il garde pour lui son secret…

Un livre nourrissant

En Union Soviétique, à l'époque où les chrétiens étaient persécutés, on fit paraître l'avis suivant : « Il est strictement interdit de posséder une bible. Toute personne qui détiendrait encore ce livre est sommée de le remettre aux autorités. »
Une mère de famille décida de désobéir à cet ordre. Les églises étaient déjà fermées… on n'allait pas effacer de sa vie toute trace de Dieu ! Sa Parole resterait à la maison envers et contre tout !
Un jour, elle faisait du pain lorsqu'elle vit par la fenêtre de la cuisine les policiers s'avancer dans le jardin. Elle leur ouvrit sa porte sans émoi. Ils perquisitionnèrent la maison ; lorsqu'ils repartirent bredouilles, elle les salua avec un calme imperturbable.
Elle tira alors son pain du four et l'ouvrit en deux. La Bible y était cachée, bien à l'abri dans la mie chaude et odorante. Quoi de plus nourrissant qu'une parole divine ?

Les pissenlits

Un homme qui était très fier de ses plates-bandes se trouva envahi par les pissenlits. Il essaya toutes les méthodes pour se débarrasser d'eux. Mais ces indésirables s'obstinaient à pousser, toujours plus nombreux, toujours plus vivaces ! À court d'idées, notre homme finit par écrire au ministère de l'Agriculture. Il énuméra tous les herbicides qu'il avait employés et conclut en demandant : « Pouvez-vous me donner un conseil au sujet de ces pissenlits ? »
La réponse arriva par retour de courrier : « Nous vous recommandons d'apprendre à les aimer. »

Vivre le moment présent

Il était une fois un jeune prince monté inopinément sur le trône à la suite de la mort prématurée du roi son père. Se sentant insuffisamment préparé à sa tâche, il convie au palais tous les savants et les lettrés les plus célèbres, tous les moines les plus renommés pour leur sagesse et leur prudence : « Partez dans le monde entier, fouillez toutes les bibliothèques, interrogez tous les gens versés dans les hautes connaissances, et ramenez-moi le fruit de votre recherche. J'en extrairai alors la sagesse. »
Ils partent aux quatre coins de l'horizon. Au bout de sept années, ils reviennent au palais chargés de caisses pleines à ras bord de manuscrits, de rouleaux et parchemins, de livres, gros et petits. Toutes les salles libres de la demeure royale en débordent. Le jeune roi félicite ses envoyés :
« Merci, mes amis ! Mais tout seul, je ne pourrai lire tous ces livres ! Je vous donne encore sept ans pour m'en résumer la quintessence en un seul volume par science. »
Et le roi repart guerroyer sur les frontières. Les lettrés se mettent à

fant solitaire, il a joué à lui faire peur : il fonçait sur lui et faisait volte-face au dernier moment… À ce petit jeu, ils sont devenus copains sans échanger un mot. C'est alors que le père du *skate-boarder* est arrivé dans une grosse cylindrée. Il a appelé son fils. Cyril — c'était son nom — a stoppé net. Ramassant son skate, il s'est dirigé vers la voiture. Et un miracle s'est produit. Faisant demi-tour vers l'enfant, il lui a mis la planche entre les mains. L'enfant a protesté :

— Mais…

— J'en ai d'autres. Celle-ci est à toi ! lui a lancé Cyril.

Le policier a écouté toute l'histoire en silence. Visiblement ému, il conclut :

— Elle est à toi, petit.

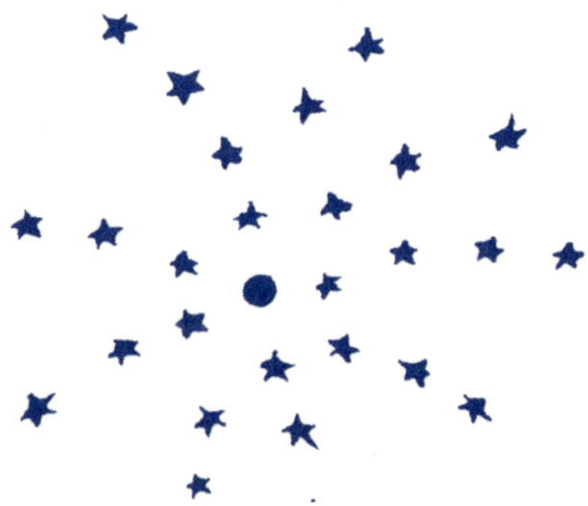

l'œuvre. Au bout de sept ans, toute la science du monde était résumée dans les soixante-dix volumes de la bibliothèque royale.

Ils étaient chenus et beaucoup moins nombreux, les érudits que le prince réunit au centre de la pièce, suffisamment grande maintenant pour les rassembler, eux et leurs œuvres. « Merci, mes amis ! Mais je ne pourrai lire tout seul ces livres ! Je suis trop pris par les affaires du royaume. Je vous donne encore sept ans pour me résumer tout ce savoir et toute cette sagesse en un seul article par livre. »

Le roi part visiter ses provinces lointaines, très attentif à chacun de ses sujets, car c'était un bon roi. Les érudits se remettent à l'œuvre. Au bout du délai imparti, tout le savoir et toute la sagesse du monde étaient résumés en un seul volume, qui trônait maintenant sur un pupitre drapé de tapisseries aux fils d'or, au centre de la bibliothèque royale. Dans l'attente de la venue du souverain.

Mais branle-bas à la porte. Un valet se précipite vers le doyen du groupe : « Venez vite apporter le livre au roi dans sa chambre. Il se meurt ! » Le vénérable sage s'approche du sire agonisant, qui, dans un murmure, lui dit à l'oreille : « Résume-moi en une seule phrase tout le savoir, toute la sagesse du monde…

— La voici, maître : « Vivre le moment présent. »

La bourse ou la pomme ?

Un homme a traversé tout le désert. Au terme de sa marche, il n'a plus rien, sinon une pomme et des pièces d'or qu'il garde précieusement au fond d'une poche.
À bout de forces, il aperçoit soudain, comme un mirage devenu réalité, le pays qu'il rêvait d'atteindre : un pays d'abondance où la vie serait douce… Mais entre lui et ce pays magique coule une large rivière aux courants tumultueux. Malheur ! Comment franchir cet obstacle inattendu ?
C'est alors qu'apparaît un vieillard qui porte sur l'épaule un tapis. Sa longue barbe blanche éclaire un visage de sage. Il aborde le voyageur :
— Tu rêves d'atteindre ce pays paradisiaque, n'est-ce pas… Veux-tu que je t'aide à passer ? Si tu me donnes ce que tu possèdes de plus précieux, je te livrerai un secret et tu pourras traverser.
Le marcheur réfléchit sans en avoir l'air. Ce qu'il a de plus précieux ? Son argent, évidemment. Il n'a pas envie de le donner : il en aura be-

soin dans le pays d'en face ! « Je vais lui offrir ma pomme », se dit-il. « Le vieux sera bien content de se rafraîchir le gosier dans ce désert. Et il ne peut pas se douter que j'ai ces belles pièces d'or en poche ! »
Prenant son air le plus généreux, le voyageur tend la pomme au vieux sage. Les yeux de ce dernier se mettent à pétiller malicieusement…
— Merci, dit-il. Voici comme promis mon secret. Si tu jettes ton or à la rivière, mon tapis volant t'emmènera sur l'autre rive !

L'enfant préféré

Un jour, le Calife convoqua dans son palais un homme simple qui avait la réputation d'être un sage. Pour mettre cette sagesse à l'épreuve, le calife lui posa une question :
— Il paraît que tu as beaucoup d'enfants ; veux-tu m'indiquer lequel est ton préféré ?
Sans hésiter, l'homme répondit :
— Mon préféré est le plus petit jusqu'à ce qu'il grandisse,
celui qui est loin, jusqu'à ce qu'il revienne,
celui qui est malade, jusqu'à ce qu'il guérisse,
celui qui est prisonnier, jusqu'à ce qu'il soit libéré,
celui qui est éprouvé, jusqu'à ce qu'il soit consolé.

La prière de Simon

Chaque jour à midi, quand sonnait l'angélus, Simon pénétrait dans la vieille église du village. Il avançait jusque devant l'autel, faisait une génuflexion et s'en retournait aussitôt. Intrigué, le curé l'observait discrètement derrière une colonne. Un jour, cédant à sa curiosité, il interpella le mystérieux visiteur :
— Que fais-tu ?
— Je viens faire ma prière, Monsieur le Curé.
— Elle n'est pas longue !
— Je sais. Je ne peux pas faire mieux, mais elle Lui suffit.
— Tu n'as même pas le temps de réciter un Ave Maria…
— Oh non ! Je dis simplement : Bonjour Jésus, c'est Simon !

Un jour, on ne vit plus Simon au village. Devenu trop vieux, il avait été emmené dans un hospice. Personne ne venait lui rendre visite. Pourtant, il avait l'air heureux, surtout vers midi… À ce moment-là,

il s'agenouillait sans doute dans l'église de son cœur pour redire sa prière habituelle : « Bonjour Jésus, c'est Simon ! »
Le dimanche de Pâques arriva. À midi, Simon était en train de dormir. Un rayon de soleil illuminait son visage serein. Il se mit à sourire dans son rêve. Il voyait un inconnu resplendissant s'approcher de lui, un homme qui n'était que paix et douceur. Cet inconnu salua Simon d'un geste de la main et lui dit : « Bonjour Simon, c'est Jésus ! »
De ce rêve-là, Simon ne s'est jamais réveillé. C'était sa Pâque éternelle.

Saute !

Au beau milieu de la nuit, un incendie éclate dans la maison. Aussitôt, toute la famille se précipite hors du brasier. Lorsqu'ils sont parvenus à l'abri, horreur ! les parents s'aperçoivent qu'il manque le quatrième de leurs enfants.

— Je croyais qu'il était avec toi…

Heureusement, une fenêtre s'ouvre au premier étage. Le petit appelle :

— Papa !

Courant vers la façade dévorée par les flammes, le père tend les bras et crie :

— Saute !

— Mais je ne te vois pas ! répond l'enfant, aveuglé par une épaisse fumée.

— Eh bien, moi, je te vois. Saute !

Un peu de riz

Dernièrement, raconte Mère Teresa, j'ai appris qu'il y avait une famille où l'on n'avait rien mangé depuis quelques jours. C'était une famille hindoue. J'allai voir la famille en apportant un peu de riz. Je l'avais à peine remis que la mère partageait le tas en deux et allait en déposer une moitié chez les voisins, qui se trouvaient être des musulmans.

Je lui dis : « Qu'est-ce qu'il va vous rester à partager, vous tous ? Vous êtes dix pour ce petit tas de riz ! »

La mère répondit : « Mais eux n'avaient pas à manger non plus ! »

C'est cela, la grandeur.

Le chêne et le feu

Un jour, Dieu traversa une forêt après le passage d'un bûcheron. Parmi tous les arbres abattus, il remarqua un chêne splendide. Étendu de tout son long, il avait encore fière allure ! Dieu s'arrêta pour l'admirer. « Que voudrais-tu devenir, beau chêne ? » demanda-t-il.
Le chêne était fier, mais surtout généreux. Après un temps de réflexion, il répondit : « J'aimerais devenir la porte de ton ciel. En frappant à mon bois, les élus entreraient dans ton Royaume. Ou je me verrais bien fenêtre dans ton paradis. À travers moi, tu regarderais la terre et tes enfants apercevraient ta Face. » Le Père éternel écoutait en souriant ces propositions.
Le chêne poursuivait : « Je pourrais encore être une table dans ton Ciel. Autour de moi, tu rassemblerais les élus pour leur offrir le festin du Royaume. Ou rien qu'un banc modeste posé à l'entrée du paradis. Les humains fatigués par leur grand voyage pourraient se reposer sur moi ».

C'est alors que Dieu, voyant la bonne volonté de l'arbre, risqua une suggestion : « Tu n'es pas obligé d'accepter, lui dit-il, mais voici mon souhait à moi : j'aimerais que ton bois alimente un grand feu. Tu y perdrais peut-être ta beauté, mais quelle lumière et quelle chaleur se dégageraient de toi ! Tu as pensé à mon Ciel. Moi, je pense à toutes ces créatures qui, bien avant d'arriver là-haut, ont grand besoin de lumière et de chaleur. Veux-tu te sacrifier pour elles ? Je te fais une promesse : si tu acceptes, tel un buisson ardent, jamais ton feu ne s'éteindra. »
L'histoire ne dit pas quel fut la réponse du chêne. Ce que nous savons, c'est qu'un jour, Jésus, lui, a accepté de se sacrifier. « Si le grain de blé tombé en terre ne meurt pas, il reste seul. S'il meurt, il porte beaucoup de fruits… »

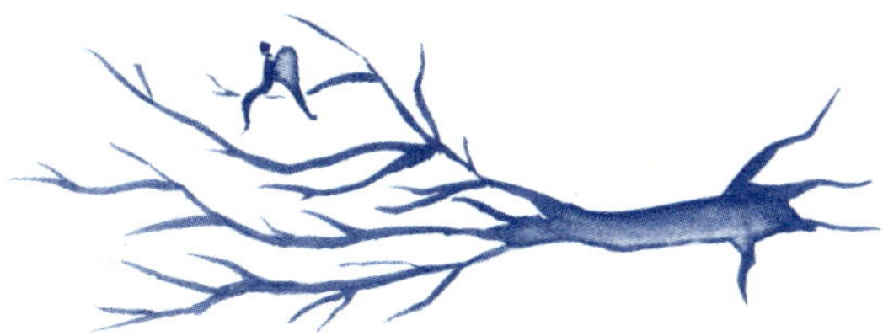

La plus belle émeraude du monde

Parfois, expliqua le vieillard qui était apparu au berger, j'apparais sous la forme d'une bonne idée, d'une façon de se sortir d'affaire. D'autres fois, à un instant crucial, je fais en sorte que les choses deviennent plus faciles. Et ainsi de suite ; mais la plupart des gens ne remarquent rien.

Le vieillard raconta que, la semaine précédente, il avait été obligé d'apparaître à un prospecteur sous la forme d'une pierre. L'homme avait tout abandonné pour partir à la recherche d'émeraudes. Cinq années durant, il avait travaillé le long d'une rivière et avait cassé 999 999 pierres, pour tenter de trouver une émeraude. À ce moment-là, il pensa renoncer. Il ne manquait alors qu'une pierre, une seule, pour qu'il découvrît son émeraude. […] Le vieillard décida d'intervenir. Il se métamorphosa en une pierre qui roula aux pieds du prospecteur. Sous le coup de la colère, celui-ci, se sentant frustré par les cinq années perdues, lança cette pierre au loin. Mais il la jeta avec une telle violence qu'elle alla frapper une autre pierre, qui se brisa, révélant la plus belle émeraude du monde.

Histoire de larves

Elles étaient si bien, dans le fond de l'étang, les petites larves. Elles formaient un groupe de trois amies, inséparables. Elles n'étaient pas les seules, bien sûr, il y en avait d'autres. Elles avaient d'ailleurs remarqué que, de temps en temps, certaines quittaient l'étang, s'élevant et disparaissant à tout jamais. Que leur arrivait-il donc ? Parlant de tout cela, nos trois amies se firent l'une à l'autre la promesse que, si un jour cela leur arrivait, elles feraient signe aux autres pour les informer de ce qui se passe là-haut.

Et ce jour arriva. L'une d'entre elles s'éleva, s'éleva… Elle tomba dans un profond sommeil et lorsqu'elle rouvrit les yeux, elle découvrit un monde merveilleux : soleil, arbres, fleurs… Elle avait quitté l'étang. Et quelles transformations en elle ! Elle avait même des ailes toutes transparentes. Elle qui, jusque-là, n'avait fait que nager entre deux eaux pouvait maintenant voler en plein ciel.

Après ce moment d'immense joie, elle se souvint de sa promesse. Elle voulut faire signe à ses amies. Avec sa petite tête, elle fit des ronds sur l'eau, comme si des gouttelettes tombaient à la surface. Les amies du fond de la mare les remarquèrent. « Que se passe-t-il donc ? Il ne pleut pas, et pourtant, il y a les petits cercles… » Notre amie, voyant qu'elle n'était pas comprise, essaya une autre technique : elle se mit à cueillir des feuilles et les sema à la surface. « Tiens, voilà maintenant des feuilles qui tombent, et ce n'est pas encore l'automne… » Comment donc communiquer si aucun des signes n'est compris ? se demanda notre évadée. Fallait-il qu'elle plonge elle-même ? Mais ses copines larves n'avaient jamais vu une libellule. Elle n'aurait pas cru que c'était l'ancienne larve qui leur rendait visite.

Décidément, il n'est pas facile de parler aux autres d'un lieu où ils n'ont pas encore été. Il faudra donc que ses amies attendent leur propre transformation pour comprendre…

Le petit grain d'or

J'étais allé, mendiant de porte en porte, sur le chemin du village, lorsque ton chariot d'or apparut au loin pareil à un rêve splendide et j'admirais quel était ce roi de tous les rois !
Mes espoirs s'exaltèrent et je pensais : c'en est fini des mauvais jours, et déjà je me tenais prêt dans l'attente d'aumônes spontanées et de richesses éparpillées partout dans la poussière. Le chariot s'arrêta là où je me tenais. Ton regard tomba sur moi et tu descendis avec un sourire. Je sentis que la chance de ma vie était enfin venue. Soudain, alors, tu tendis ta main droite et dis : « Qu'as-tu à me donner ? »
Ah ! quel jeu royal était-ce là de tendre la main au mendiant pour mendier ! J'étais confus et demeurai perplexe ; enfin, de ma besace, je tirai lentement un tout petit grain de blé et te le donnai.
Mais combien fut grande ma surprise lorsque, à la fin du jour, vidant à terre mon sac, je trouvai un tout petit grain d'or parmi le tas de pauvres grains. Je pleurai amèrement alors et pensai : « Que n'ai-je eu le cœur de te donner mon tout ! »

Le quatrième mage

Dans la région de Bethléem, on raconte que les mages étaient au nombre de quatre. Ils s'étaient mis en route pour aller rendre hommage à Jésus. Mais le quatrième mage se laissa distancer par les autres qui arrivèrent sans lui à Jérusalem, où Hérode leur indiqua la route de Bethléem. Lorsqu'il quittèrent Jésus, ils prirent un autre chemin et ne rencontrèrent plus jamais le quatrième mage. Celui-ci n'avançait pas vite, car il avait un cœur d'or, et distribuait tous les cadeaux qu'il avait apportés pour Jésus aux pauvres qu'il croisait sur sa route !

Il finit tout de même par arriver à Jérusalem et interrogea ses habitants :

— Auriez-vous vu des mages à la recherche d'un enfant roi ?

— Bien sûr ! Il y a longtemps qu'ils sont passés. Ils ont pris la route de Bethléem. À l'heure qu'il est, ils sont sûrement déjà sur le chemin du retour !

Le quatrième mage décida qu'il ne pouvait pas aller honorer Jésus les mains vides, puisqu'il avait donné tous ses présents. Il rentra donc dans son pays.
Les habitants de Jérusalem allèrent aussi à Bethléem pour admirer Jésus et firent une devinette à Marie :
— Savez-vous combien il y avait de mages ?
— Quatre, répondit Marie.
Les habitants de Jérusalem étaient stupéfaits.
— Comment l'avez-vous deviné ? Le quatrième n'est pas venu jusqu'à vous !
Marie sourit.
— C'est pourtant lui qui a offert à Jésus le plus beau cadeau en donnant tous ses présents aux malheureux.
Et sans doute Marie a-t-elle ajouté :
— Allez, et faites de même !

Il y a d'autres mondes où l'on peut chanter…

C'était au temps des premiers téléphones. Le petit Paul était fasciné lorsqu'il entendait sa maman appeler les renseignements. Au bout du fil, il y avait une femme au nom étrange — elle s'appelait « Renseignements SVP » — qui semblait avoir réponse à tout : par exemple, elle ne se trompait jamais sur le numéro d'un correspondant ! Un jour, Paul se blesse au doigt. Sa maman s'est absentée : il n'a personne pour le soigner ! Ni une ni deux, il appelle Renseignements SVP et explique son malheur :

— Qu'est-ce que je dois faire ?

La voix claire lui demande :

— Est-ce que tu saignes, petit ?

— Non, je me suis frappé avec un marteau.

— Pose un glaçon sur ton doigt.

Décidément, Renseignements SVP est incollable. Paul prend l'habitude de l'appeler pour des informations de tout genre : où est l'Ouzbékistan, comment fait-on une division à trois chiffres, que mangent les écureuils… Un jour, l'enfant pleure la mort de son canari. Il appelle Renseignements SVP :

— Pourquoi les canaris meurent-ils ? C'est trop bête de chanter si joliment pour finir comme cela…

— Tu sais, Paul, il y a d'autres mondes où l'on peut chanter après la mort.

Voilà Paul réconforté. Une autre fois encore, il téléphone à son informatrice préférée :

— Comment est-ce qu'on épelle le mot réparation ?

Les années passent. Paul grandit. Il n'appelle plus Renseignements SVP. Cependant, il ne l'a pas oubliée… Un jour, n'y tenant plus, il décide de prendre de ses nouvelles et compose le numéro familier. La voix bien connue lui répond. Respirant profondément, il demande :

— Comment est-ce qu'on épelle le mot réparation ?

Long silence au bout du fil. La voix répond :

— Est-ce que ton doigt est guéri ?

Paul sourit, puis ajoute d'une voix émue :

— Savez-vous combien vous avez compté pour moi dans mon enfance ?

— C'est réciproque, Paul. Je n'ai jamais pu avoir d'enfant et tes appels étaient de vrais rayons de soleil.

Trois mois plus tard, Paul appelle Sally — le vrai nom de Renseignements SVP — pour reprendre de ses nouvelles. Une voix inconnue lui répond. Paul est étonné :

— Je suis un vieil ami de Sally. Pourrais-je lui parler ?

— Vous êtes Paul ?

— Oui.

— Je suis navrée de vous dire que Sally est morte d'une maladie grave il y a cinq semaines. Mais elle a laissé un message pour vous. Laissez-moi vous le lire : « Dites à Paul que je crois toujours la même chose : il y a d'autres mondes où l'on peut chanter. Il comprendra. »

La longue prière pour les humains

On raconte en Russie que le voïvode nommé Gordien, avait pris en haine l'ermite Mirone qui n'avait comme défauts que sa charité si discrète et sa prière constante. Il décida d'en finir et envoya son fidèle Yvan le Guerrier décapiter le saint moine. La tâche n'enchantait pas ce pauvre homme, mais il fallait obéir.
Arrivé devant l'ermitage du frère Mirone, il trouva celui-ci en prière. Tenant son épée cachée derrière son dos, il le salua et engagea la conversation, ne se décidant pas à passer à l'acte. Le moine, lui, n'était pas dupe. Il avait compris. Yvan lui proposa alors de prier Dieu pour la dernière fois : « Prie-le pour moi, pour toi, pour toute la race humaine ; après quoi, je te trancherai la tête. » Le moine se mit alors à genoux et prévint le guerrier : « Yvan, ton attente sera longue, car la prière pour la race humaine risque de durer. Fais tout de suite ton devoir. — Je t'attendrai, fût-ce un siècle », répondit l'intrépide guerrier. Le moine pria donc jusqu'au soir, puis du soir à l'aurore, et encore de l'aurore au cré-

puscule du lendemain. La nuit et le jour suivants, il fit de même, et toute la semaine et un mois durant. L'été passa, et de même l'automne puis l'hiver. Le printemps réveilla la nature, le moine priait toujours. Les années s'ajoutèrent aux années… Le jeune chêne auprès duquel il avait commencé sa prière était devenu un arbre majestueux portant généreusement des glands, et une forêt naquit. Aujourd'hui encore, quelque part dans la steppe, le moine est en prière, demandant à Dieu d'avoir pitié des hommes… Yvan attend toujours, son épée, rongée par la rouille est tombée en poussière. La prière, elle, coule comme une rivière dont les eaux se mêlent à la miséricorde de Dieu.

La perle précieuse

On raconte en Inde qu'un sage marchait un soir le long des plages de l'océan et qu'il arriva devant un petit village de pêcheurs. Il le traversait en chantant et s'en éloignait pour continuer son chemin, lorsqu'un homme se mit à courir après lui.

— S'il vous plaît, s'il vous plaît ! Arrêtez-vous ! Donnez-moi la perle précieuse !

Le sage posa son baluchon.

— De quelle perle parlez-vous ?

— Celle que vous avez dans votre sac. Cette nuit, j'ai rêvé qu'aujourd'hui je rencontrerais un grand sage et qu'il me donnerait la perle précieuse qui me rendra riche jusqu'à la fin de mes jours. Le sage s'arrêta. Il ouvrit son sac et en sortit effectivement une belle perle. Elle était énorme et elle brillait de mille feux.

— Sur la grève, tout à l'heure, j'ai aperçu cette grosse boule. Je l'ai

trouvée jolie et l'ai mise dans ma besace. Ce doit être la perle rare dont tu parles. Prends-la, elle est à toi.
Le pêcheur était fou de joie. Il saisit la perle et partit en dansant, tandis que le sage s'allongeait sur le sable pour y passer la nuit. Mais, dans sa hutte, le pêcheur ne dormait pas. Il se tournait et se retournait sur sa couche. Il avait peur qu'on lui vole son bien. De toute la nuit, il ne put trouver le sommeil.
Aussi, au petit matin, il prit la perle et partit rejoindre le sage.
— Je te rends cette perle, car elle m'a procuré plus d'inquiétude que de richesses. Apprends-moi plutôt la sagesse qui t'a permis de me la donner avec autant de détachement. Car c'est cela, la vraie richesse.

Utiliser toutes nos forces

Un père observait son petit garçon qui cherchait à déplacer un vase de fleurs très lourd. L'enfant se fatiguait, haletait et grommelait, mais ne réussit pas à bouger le vase d'un seul millimètre. As-tu vraiment utilisé toutes tes forces ? lui demanda le père.
— Oui, répondit l'enfant.
— Non ! Reprit le père, car tu n'as pas demandé mon aide !
Il en est de même pour la prière…
Prier, c'est utiliser toutes nos forces.

L'ordre du monde

Le Baal-Shem-Tov, le Maître du Bon Nom qui par sa seule présence, sa seule parole, rendait le rose aux joues tristes, un jour, avec quelques-uns de ses disciples, se promenait dans une plaine aride et isolée, quand au bout d'une longue marche l'un deux se plaignit d'avoir soif, très soif. Et pas le moindre puits, le plus mince filet d'eau.

« Ne t'en fais pas, lui dit le Baal-Shem, quand Dieu a créé le monde, s'Il a prévu la soif, Il a sûrement prévu son apaisement. »

Et voilà que vient vers eux un paysan portant deux seaux lourds sur ses épaules. Furieux, il marmonnait :

« Mon maître est devenu fou ! Ce matin, il m'a envoyé, comme ça, une idée en l'air, me promener dans ce bled où il n'y a rien ni personne, avec deux seaux d'eau !

— Tu vois, mon fils, en créant le monde, Dieu a aussi créé cette idée folle chez ce maître-là. »

Honneur aux vêtements

Houdja est un riche propriétaire terrien qui aime travailler lui-même dans ses champs. Aujourd'hui, le soleil inonde les cultures et Houdja travaille le cœur léger, sans se rendre compte du temps qui passe… Sa femme vient le trouver :
— Houdja, tu oublies l'heure ? Et ton déjeuner chez l'émir ?
Houdja se redresse vivement.
— C'est vrai ! La fête a lieu aujourd'hui ! Je file au palais. Tant pis pour mes vêtements d'apparat, je n'ai pas le temps de me changer !
En pénétrant dans le palais, Houdja remarque que tous les regards le fuient. L'émir lui-même fait mine de ne pas le reconnaître parmi ses invités somptueusement vêtus ! Blessé, Houdja rentre chez lui, revêt sa tenue de fête, et retourne au palais. Cette fois, il se voit accueilli avec les honneurs habituels…
Au repas, voilà Houdja placé à la droite de l'émir. Celui-ci le salue gracieusement comme s'il ne l'avait pas encore aperçu. Les plats com-

mencent à circuler sur la table. Lorsqu'ils arrivent devant Houdja, celui-ci prend un morceau de viande fondante… et le glisse dans sa poche gauche ! Muets de stupeur, les convives le voient ensuite fourrer une poignée de riz dans sa poche droite. Au moment où les olives prennent le chemin d'une autre poche, l'émir arrête Houdja :

— Tu es fou, mon ami ? Que fais-tu ?

— J'ai cru comprendre que ce n'est pas moi que vous avez invité, mais les vêtements que je porte. Alors, je les nourris !

Le voleur de hache

Un homme ne retrouvait pas sa hache. Il soupçonna le fils de son voisin de la lui avoir prise et se mit à l'observer. Son allure était, typiquement, celle d'un voleur de hache. Son visage était celui d'un voleur de hache. Les paroles qu'il prononçait ne pouvait être que des paroles de voleur de hache. Toutes ses attitudes et tout ses comportements trahissaient l'homme qui a volé une hache.

Mais, très inopinément, en remuant la terre, l'homme retrouva soudain sa hache.

Lorsque le lendemain, il regarda de nouveau le fils de son voisin, celui-ci ne présentait rien, ni dans l'allure, ni dans l'attitude, ni dans le comportement, qui évoquât un voleur de hache.

J'ai trop peur d'abîmer Dieu

Une petite fille dit à sa maman :
— Maman, j'ai envie de dessiner Dieu.
— Prends du papier, des crayons de couleurs, et vas-y !
La petite fille installe ses affaires sur la table. Elle reste longtemps immobile devant sa feuille blanche. Soudain, elle retourne vers sa maman.
— Maman, est-ce qu'il est grand, Dieu ?
— Oh, oui. Dieu est très grand !
Revenue à sa table, la petite fille réfléchit de nouveau. Soudain elle se relève et retourne vers sa mère.
— Maman, est-ce qu'il est beau, Dieu ?
— Oh, oui. Dieu est très beau !
La petite fille reste de longues minutes devant son papier, le crayon en l'air. Puis elle dit tout simplement à sa maman :
— J'ai décidé de ne pas dessiner Dieu. J'ai trop peur de l'abîmer.

Les bras du Christ

Un jour, un curé découvrit dans le grenier de son presbytère un vieux Christ en bois. Hélas, il avait perdu ses bras ! Séduit par le beau visage de la statue, le curé parla de la faire restaurer : un sculpteur pourrait lui remettre des bras. Les paroissiens lui répondirent : « Non. Les bras du Christ, c'est nous ! » On plaça donc le Christ tel quel dans l'église, avec une légende : « Donneras-tu, aujourd'hui, des bras et des mains au Christ de ta foi ? »

Jasmed et le « petit machin »

Le fond du jardin était son espace secret. Jasmed s'y réfugiait volontiers, à l'abri des arbustes. Mais quel est donc cet étrange petit machin qui se tortille, et dont les couleurs scintillent au soleil ? Ce tout petit animal, Jasmed l'apprivoise très vite. Discrètement, chaque soir, dans une boite de plus en plus grande — boite d'allumettes, de cigarillos, de cigares, de chaussures, de bananes — il le cache dans sa chambre. L'étrange animal ne cesse de grandir, mais il gardera pour toujours le nom de « petit machin ». Maintenant, étonnamment complice, il s'enroule tout autour de son maître sur un simple claquement de doigts. Puis, les yeux dans les yeux, tous deux se contemplent jusqu'à ce que le gamin, claquant à nouveau des doigts, l'invite à retourner dans sa caisse à bananes. Un véritable numéro de cirque, toujours à l'abri des regards.

Le cirque, justement. Une troupe s'installa dans la région et y planta son chapiteau. Une aubaine. Jasmed se présenta au directeur et finit par le convaincre d'accepter son numéro. « Pour une fois, c'est bon ! » Le succès fut tel que l'enfant fut à nouveau à l'affiche les jours suivants. Bien sûr, les parents de Jasmed furent au courant. Qu'ils étaient fiers ! Le quatrième jour, la foule était plus nombreuse que jamais. Jasmed arrive sur la piste. Musique. Puis, comme d'habitude, silence. Claquement de doigts. Le « petit machin », au son du tambour, sort de sa caisse à bananes et s'enroule autour de Jasmed. Face à face. Arrêt du battement, claquement de doigts. Mais le « petit machin » ne semble pas avoir entendu. Il ne bouge pas. Le batteur, lui, semblait paralysé, baguettes en l'air. Jasmed donne le signal encore une fois, et même une troisième. Toujours rien. Le directeur pressent quelque chose. Il fait signe à son assistant, qui dégaine, vise le « petit machin » et tire. Aussitôt, l'animal relâche son étreinte et s'affaisse. Jasmed, lui aussi, était mort, déjà étouffé par… le boa constrictor. Même apprivoisé, le mal reste le mal.

La plus belle des prières

Le grand roi de toutes les Espagnes voulait savoir qui, cette année-là, avait fait la plus belle prière. Il envoya son fidèle serviteur se renseigner par les villes et les villages. Perdu dans un village inconnu, quelque part dans son royaume, un jeune homme des plus simples était sans doute la personne tant recherchée. Tous l'indiquaient comme ayant fait la plus belle des prières cette année-là. Le serviteur le pria donc de se présenter au pied du trône royal. Le jeune homme protesta : il ne savait pas prier. Mais tous étaient unanimes. C'est lui ! Il dut obéir.

— Comment t'y prends-tu pour prier ? lui demanda Sa Majesté.

— Mais je ne sais pas prier, Sire.

— Pourtant, tout le monde dit le contraire. Raconte.

— Je me souviens, en effet, que cette année, maman a été gravement malade. Je voulais faire entendre ma prière au ciel. Mais je ne sais pas prier. Alors, comme le demande notre religion, je me suis d'abord purifié. Ensuite, je suis monté sur le toit de ma pauvre maison. Là, j'ai dis à Dieu : je ne sais pas prier, mais toi qui connais toutes les prières, tu sais celle que tu aimes. Je vais donc réciter l'alphabet que j'ai appris à l'école. Toi-même pourras choisir les lettres et les mettre dans l'ordre qui te plaît. Ainsi tu auras la prière qui te convient et maman se sentira mieux.

La farce divine

Après une vie particulièrement chargée de péchés, un méchant homme vint à mourir. Le chef spirituel de sa communauté, un ascète, refusa de prononcer les prières de bénédictions rituelles à l'occasion des funérailles.

Au cours de la nuit suivante, l'ascète, en rêve, reçut une vision de cet homme exécrable, pleinement réjoui, menant grande vie au Paradis.

— Seigneur, s'écria-t-il, dans vos jardins, une âme aussi ignoble ! Comment cela est-il possible ?

D'en Haut tomba la réponse :

— C'est à cause de toi. Quand tu l'as insulté au point de lui dénier le droit à la dernière prière, j'ai oublié tous ses péchés.

— La divine farce ! murmura intérieurement l'ascète.

Jusqu'à ras bord

Le vieux monsieur — un sage aux cheveux blancs comme neige — posa devant moi une magnifique vasque de grès. Ma curiosité éveillée, je le regardai en silence y déposer de gros galets rapportés de la rivière. Lorsqu'il n'y eut plus moyen d'en ajouter un seul, il me sonda de son regard profond :
— Cette vasque est complètement pleine, n'est-ce pas ?
— Oui.
Un sourire amusé se dessina sur le visage lumineux du vieux sage. Prenant du gravier par larges poignées, il le fit glisser entre les galets, jusqu'à ras bord…
— Et maintenant ?
Je n'osais plus répondre. Bien m'en prit ! Car le sage prit alors du sable qu'il laissa longuement couler par-dessus les galets et le gravier, jusqu'à ras bord…
— Alors ? Qu'en dis-tu ?

— Que vous n'avez pas fini de m'étonner.
J'avais raison. Il parvint encore à ajouter quelques litres d'eau !
— Tu vois ? Si j'avais commencé par l'eau, je n'aurais pas pu ajouter quoi que ce soit sans faire déborder la vasque. Comme je voulais mettre de gros galets, c'est eux que j'ai déposés en premier. Et il y a eu la place pour beaucoup d'autres choses. De même, lorsque tu veux remplir une journée, commence par y mettre ce qui te semble essentiel. Tu trouveras toujours de la place pour le reste. Et pour ta vie… la règle est la même.

Les piquants des porcs-épics

Par une froide journée d'hiver, un troupeau de porcs-épics s'était mis en groupe serré pour se garantir mutuellement contre la gelée par leur propre chaleur. Mais tout aussitôt, ils ressentirent les atteintes de leurs piquants, ce qui les fit s'éloigner les uns des autres. Quand le besoin de se chauffer les eut rapprochés de nouveau, le même inconvénient se renouvela, de façon qu'ils étaient ballottés de çà de là entre les deux souffrances, jusqu'à ce qu'ils eussent fini par trouver une distance moyenne qui leur rendit la situation supportable.

La fourmi amoureuse

Un jour où le roi Salomon se promenait dans le désert, il aperçut une fourmilière. Aussitôt, toutes les fourmis s'arrêtèrent de travailler pour venir le saluer. Mais le roi remarqua que l'une d'entre elles, à l'écart des autres, continuait son travail. Il lui demanda :

— Que fais-tu donc ?

Elle répondit sans cesser de s'agiter :

— Tu vois, mon roi, je déplace ce tas de sable, grain par grain.

— C'est un travail trop gros pour une petite bête comme toi. Regarde la hauteur de ce tas de sable. Même en continuant sans relâche, tu n'auras pas assez de ta vie entière pour le déplacer.

— Peut-être as-tu raison, ô roi, mais vois-tu, de l'autre côté de ce tas de sable se trouve ma bien-aimée. C'est l'amour qui me fait travailler ainsi et rien ne pourra me distraire de ma tâche ; et si je venais à mourir avant d'avoir atteint mon but, j'aurai connu l'espérance jusqu'à la fin de ma vie. […]

Le bonheur en puzzle

C'était un homme droit et sincère qui cherchait le chemin de la vérité et du bonheur. On lui indiqua un vénérable maître soufi qui connaissait ce chemin-là. Le sage l'accueillit aimablement devant sa tente : après lui avoir servi du thé à la menthe, il lui révéla l'itinéraire tant attendu ! « Ton voyage t'emmènera loin d'ici, mais tu ne peux te tromper : au cœur du village que je t'ai décrit, tu trouveras trois échoppes. Là te sera révélé le secret du bonheur et celui de la vérité. »

La route fut longue, en effet. Le chercheur d'absolu franchit des cols et des rivières innombrables. Un jour enfin, il arrivait en vue d'un village lorsque son cœur se mit à battre la chamade, comme pour dire : « C'est ici ! » Il courut explorer les trois boutiques promises. Hélas ! Il ne trouva que du fil de fer dans la première, des morceaux de bois dans la deuxième, et un fatras de pièces métalliques dans la troisième ! Amer et découragé, il sortit du village pour dormir dans une clairière.

La nuit venait de tomber. La clairière était baignée par la douce clarté de la lune. Soudain, notre voyageur entendit une mélodie sublime. Quel était l'instrument magique capable d'un tel envoûtement ? Le voyageur se dirigea vers le musicien qui jouait paisiblement, assis en tailleur contre un arbre… et il s'arrêta stupéfait. L'instrument qui brillait sous la lune était une cithare faite de morceaux de bois, de pièces métalliques et de cordes d'acier… les marchandises vendues dans les trois échoppes du village !

En un éclair, il comprit. Il comprit que le bonheur est un puzzle fait de tout ce qui nous est déjà donné. Que notre tâche d'hommes intérieurs est d'assembler ces éléments dans l'harmonie.

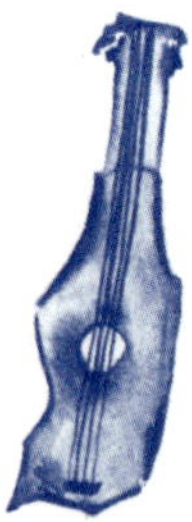

Vivre sa vie

Un brave paysan occupé de sa terre, de sa charrue, de ses champs, de ses vignes, et puis aussi de sa famille, de sa maison, enfin, de tout ce qui faisait sa vie, priant Dieu quand il le pouvait, avait, la nuit, des visions et des rêves où l'éternel aux cheveux blancs venait le visiter.

Il en était tout remué, et décida au bout de quelque temps qu'il lui fallait consacrer sa vie à la prière.

Et les rêves, les visions, la lumière disparurent.

Il en fut triste, bouleversé, jusqu'au jour où il entendit une voix qui traversait ses pleurs :

« Si j'avais voulu que tu changes d'état pour avoir ces visions, je ne te les aurais pas données. »

Alors l'homme reprit sa charrue.

Deux frères qui s'aimaient

Deux frères dont l'un était célibataire et l'autre marié possédaient une ferme dont le sol fertile produisait du grain en abondance. Une moitié du grain allait à l'un des frères et une moitié à l'autre. Au début, tout alla bien. Puis, de temps à autre, celui qui était marié commença à s'éveiller en sursaut au cours de la nuit et à penser : « C'est pas juste. Mon frère n'est pas marié et il reçoit la moitié du produit de la ferme. Moi, j'ai une femme et cinq enfants, et j'ai toute la sécurité dont j'ai besoin pour mes vieux jours. Mais qui prendra soin de mon pauvre frère, quand il vieillira ? Il lui faut épargner pour l'avenir beaucoup plus qu'il ne le fait actuellement ; aussi ses besoins sont manifestement plus grands que les miens. »

Sur ces pensées, il sortait du lit, se glissait furtivement chez son frère et déposait un plein sac de grain dans la réserve de celui-ci.

Le célibataire commença lui aussi à subir semblables attaques nocturnes. De temps à autre, il était tiré de son sommeil et se disait à lui-

même : « C'est tout simplement pas juste. Mon frère a une femme et cinq enfants et il reçoit la moitié du produit de la terre. Moi, je n'ai que moi-même à soutenir. Alors, est-il juste que mon pauvre frère, dont les besoins sont manifestement plus grands que les miens, reçoive exactement la même chose que moi ? » Puis, il quittait le lit et déposait un plein sac de grain dans la réserve de son frère.
Un jour, ils se levèrent du lit en même temps et se retrouvèrent face à face, un sac de grain sur le dos.
Nombres d'années plus tard, après la mort des deux frères, l'histoire se fit jour. Aussi, quand les gens de cette ville voulurent construire un temple, ils choisirent l'endroit où les deux frères s'étaient rencontrés, parce qu'ils ne pouvaient imaginer d'endroit plus saint que celui-là.

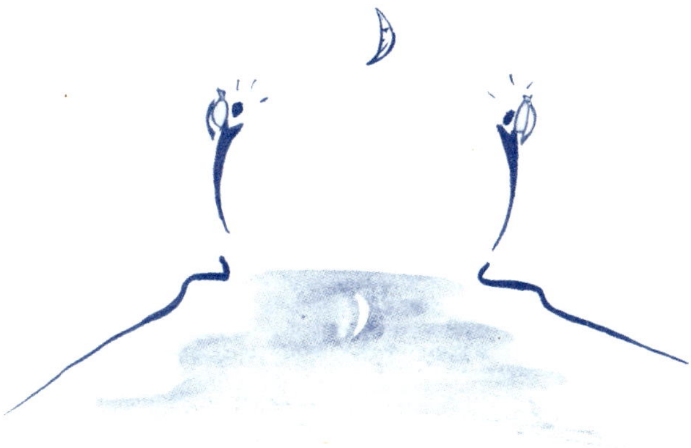

La tisane sucrée

Grand-mère voulait initier ses petits-enfants à la tisane. Un jour, en effet, ils seront grands, mais s'ils n'ont pas appris tout petit à l'apprécier, pensait-elle, ils ne l'aimeront jamais. Or, chacun sait que les enfants aiment tout ce qui est sucré. Telle fut donc sa pédagogie : les attirer par le sucre. Le samedi après-midi était le moment de l'exercice hebdomadaire. Ce jour-là, le petit William avait beaucoup de chose à raconter. La semaine avait été riche en événements. Et il se met à parler. Grand-mère veillait : « Bois ta tisane ! » Rappelé à l'ordre, il s'exécuta. Aussitôt, il fit une grimace. Et le sucre ? Il en demanda donc un. Mais la grand-mère lui répondit : « Remue plutôt avec ta cuillère. » Effectivement, le sucre s'était déposé dans le fond de la tasse… Ajouter un morceau aurait rendu cette boisson écœurante. Il suffisait de mélanger…

Ainsi en religion. Lorsque Dieu est relégué dans un tiroir, la vie devient insipide. Mais trop de bondieuseries peut provoquer le dégoût.

Le premier compagnon d'Emmaüs

À la souffrance profonde de ceux qui se sentent de trop, explique l'Abbé Pierre, je ne vois qu'un seul remède, celui que, sans calcul, j'ai employé pour le premier compagnon d'Emmaüs, Georges. C'était en 1949. On vient me chercher pour secourir un homme qui avait tenté de se suicider. Condamné au bagne à perpétuité, gracié parce qu'il avait sauvé quelqu'un dans un incendie, il rentrait de Cayenne. Il trouve sa femme avec un autre, sa fille qui ne le connaît pas, de nouveaux enfants, pas de place pour lui. Désespéré, il veut mourir, il se rate, on m'appelle.
Et je lui dis : « Georges, tout ce que tu me racontes est épouvantable, mais je ne peux rien pour toi. Ma famille est riche, mais j'ai renoncé à tout héritage, je suis député, mais je n'ai que des dettes. Je dépense mon indemnité en matériaux pour construire des maisons sans permis et loger des familles qui meurent dans des caves. Je ne peux rien te donner. Mais toi ? Tu veux mourir, il n'y a rien qui t'embarrasse. Avant de te tuer, viens me donner un coup de main, après tu feras ce que tu voudras. »

Et tout est changé pour lui. Il n'est plus de trop, il est nécessaire. Je n'en pouvais plus, j'avais besoin de lui et il dit oui. À ce moment naît ce courant contagieux qui se répand sur la terre entière, cette folie au-delà de la bienfaisance. Parce que c'est le monde à l'envers ! D'habitude on donne aux malheureux. Là, on lui dit : « Tu es malheureux ? Donne-moi. »

Le cerf-volant de Feng

Feng avait la passion des cerfs-volants. Un jour, il entendit parler d'un vieux sage qui vivait dans un monastère isolé : on disait qu'il connaissait le secret du cerf-volant qui vole au-dessus des cieux. Feng demanda à ses parents la permission d'aller trouver le vieil homme afin qu'il lui enseigne son savoir.

Après de longues journées de marche, Feng arriva au monastère et demanda une entrevue avec le sage.

— Ô Maître, apprends-moi ton art !

Le maître lui répondit :

— Pour inventer et progresser, il faut chercher longtemps. Tu veux fabriquer le meilleur des cerfs-volants ? Regarde autour de toi la feuille qui joue dans le vent.

Feng obéit au maître et observa la nature. Il demanda encore :

— Dis-moi le secret du cerf-volant le plus stable.

— Vois le vol de la libellule, dit le maître.

Feng, après avoir longtemps examiné les gracieux insectes, fabriqua un chef-d'œuvre d'équilibre.
— Maître, dis-moi le secret du cerf-volant le plus maniable.
— Observe le vol du milan.
Feng se posta dans la montagne et étudia le vol du rapace. À partir de ses observations, il mit au point un cerf-volant dont le vol était d'une souplesse inégalée. Son savoir-faire lui valut bientôt l'admiration des riches seigneurs devant la perfection de ses oiseaux de papier.
Mais Feng savait qu'il lui manquait le secret. Feng retourna voir le vieux sage, qui était tombé malade.
— Maître, j'ai cherché comme tu me l'as enseigné, mais je reste un ignorant. Dis-moi le secret du cerf-volant qui vole au-dessus des cieux.
— Reviens me voir demain avec le dévidoir le plus long que tu puisses trouver, répondit le maître dans un souffle.

Toute la nuit, Feng mit bout à bout les ficelles de tous ses cerfs-volants.

Le lendemain, fou d'impatience, il se présenta au monastère. Le vieux sage était mort. Et pendant que Feng se recueillait auprès du corps du maître des cerfs-volants, l'âme du vieux sage s'envola, emportant avec elle l'une des extrémité du dévidoir… jusqu'au plus haut des cieux.

Le grand ravin

Un homme, toujours insatisfait de lui-même et mécontent des autres, ne cessait de rouspéter contre Dieu en disant : « Mais qui a dit que chacun devait porter sa croix ? Vraiment n'y a t-il aucun moyen de l'éviter ? J'en ai franchement assez de porter des fardeaux aussi lourds ! »

Le Bon Dieu lui répondit. Il guida l'homme dans un songe et celui-ci vit l'existence des hommes sur terre comme une immense procession. Chacun allait d'un pas imperceptible et régulier, portant sa croix sur l'épaule.

Lui-même faisait partie de l'interminable cortège. Il avançait péniblement, portant le poids de sa croix. Au bout d'un certain temps, il s'aperçut qu'elle était trop longue : voilà pourquoi la marche était si fatigante ! « Il suffirait, se dit-il, que je la raccourcisse un peu et j'aurai beaucoup moins de peine. »

Il s'assit sur une borne et, par quelques entailles bien vigoureuses, il raccourcit sa croix d'une bonne longueur.
Quand il repartit, il constata que sa marche était beaucoup plus rapide et plus légère. Et sans se fatiguer, il atteignit l'endroit qui semblait être la destination de cette longue procession : une limite de terre bordée d'un ravin comme une blessure béante dans le sol. Mais c'est au-delà que commençait « la Terre du Bonheur éternel ». L'autre côté du ravin laissait entrevoir un spectacle enchanteur.
Cependant, pour traverser, il n'y avait ni pont ni passerelle. Et pourtant, hommes et femmes passaient facilement. Chacun descendait sa croix des épaules, la posait sur les deux bords du ravin et franchissait ainsi le gouffre.
Les croix semblaient faites sur mesure : elles reliaient exactement les bords du précipice. Tous les gens passèrent, sauf lui. Il avait raccourci sa croix et à présent, elle était trop courte pour atteindre l'autre coté du gouffre.

Le bruit d'un criquet

Un Indien rendait visite à un de ses amis, un homme de race blanche qui vivait dans une grande ville. Alors que les deux hommes traversaient une petite place, l'Indien prit subitement son ami par le bras et lui dit :

— Chut ! Écoute…

— Que faut-il écouter ? J'entends seulement le bruit des voix et des pas des gens qui passent, répondit l'autre.

— Et moi, j'entends un criquet, dit l'Indien.

— Impossible ! Il n'y en a pas ici, dit son ami.

Alors l'indien s'avança vers une maison sur laquelle poussait du lierre. Il détacha une branche. Sur la branche se trouvait un criquet que l'on entendait maintenant distinctement.

— Vous, les Indiens, vous avez vraiment une ouïe plus fine que la nôtre, dit l'homme blanc.

Alors l'indien rit et répondit :

— Ce n’est pas vrai et je vais te le prouver. Il prit une pièce de monnaie et la laissa tomber dans la rue. Immédiatement, les passants regardèrent en direction du bruit.

— Le bruit de la pièce n’était pas plus fort que celui du criquet, dit l’Indien, et pourtant tout le monde l’a entendu. Les gens n’entendent que ce qu’ils veulent bien entendre.

L'assemblée des souris

Un grand nombre de souris s'étaient rassemblées pour tenir conseil. Elles voulaient réfléchir à la meilleure façon de se débarrasser d'un chat. C'était un chat qui avait mangé beaucoup de membres de leurs familles.

Elles cherchaient un plan lorsqu'une jeune souris prit la parole.

— Si nous attachions une sonnette au cou du chat, nous serions prévenues de son arrivée et nous aurions assez de temps pour nous enfuir.

L'assemblée trouva l'idée excellente. Mais une vieille souris se leva alors en disant :

— C'est un très bon plan, qui réussira certainement, si nous l'appliquons. Mais je voudrais savoir qui sera assez courageux pour aller accrocher une sonnette au cou du chat !

Pour traverser le désert…

Il avait prévu beaucoup de bidons d'eau, et des gourdes, et des bouteilles et il les avait entassés dans son chariot. Il voulait traverser le désert sans y mourir de soif. Un ami bien intentionné lui fit remarquer qu'une bonne bêche serait moins encombrante. En effet, dans le désert, il y a de l'eau. Il suffit de creuser. Notre ami partit donc équipé de sa seule bêche.

Lorsqu'il eut soif, il se mit à creuser et s'aperçut très vite qu'il n'y avait pas d'eau dans son petit trou. Il en creusa donc un autre plus loin. Et ainsi de suite jusqu'au découragement complet. Il avait été trompé… À vrai dire, c'est lui qui avait manqué de patience. Oui, il y a de l'eau dans le désert, mais ce n'est pas en multipliant les trous qu'on la trouvera. Il faut creuser toujours plus profond. Il en va de même dans la vie spirituelle. Ce n'est pas en picorant que l'on étanchera sa soif, mais en allant jusqu'au bout du chemin que l'on a commencé.

Le foulard blanc

Un adulte de vingt ans avait sali ses parents. Le genre d'affaire qui détruit un peu la réputation des parents. Et le père a dit à Jean qui avait mal agi : « Jean, fous le camp ! Et ne remets plus jamais les pieds à la maison ! » Alors, Jean est parti, la mort dans l'âme, mais il est parti.

Quelques semaines plus tard, pris de remords, il se dit : « Je suis vraiment une ordure, un salaud ; il faut que je demande pardon à mon père. » Mais il avait tellement peur que son père le jette de la maison qu'il préfère lui écrire : « Papa, vraiment, je vous ai salis, je te demande pardon. Je voudrais tant revenir à la maison. Je t'écris, je ne te mets pas d'adresse. J'ai tellement peur que tu me dises non. Si tu me pardonnes, mets un foulard blanc sur le pommier devant la maison, je t'en prie. Tu sais, la grande allée des pommiers qui conduit à la maison. Mets un foulard blanc sur le dernier pommier. »

Quelque temps plus tard, il dit à son frère et ami Marc : « Je t'en sup-

plie, Marc, accompagne-moi. Je dois savoir. Voilà ce que nous allons faire. Je te conduirai jusqu'à la maison. À cinq cents mètres de la maison, tu prendras le volant, je me mettrai à côté, à la place du passager. Là, je fermerai les yeux. Lentement, tu descendras l'allée des pommiers. Tu t'arrêteras. S'il y a un foulard blanc, alors je foncerai à la maison… S'il n'y a pas de foulard blanc, jamais plus je ne reviendrai. »
Ainsi dit, ainsi fait. À cinq cents mètres, Jean donne le volant à Marc, s'assied à la place du passager, ferme les yeux et lentement la voiture descend la grand allée de pommiers, jusqu'au dernier pommier devant la maison. Et Jean, les yeux fermés, demande à Marc : « S'il te plaît, Marc, mon ami, mon frère, dis-moi si mon père a mis le foulard blanc sur le pommier, devant la maison ! » Et Marc lui répond : « Non, Jean, il n'y a pas un foulard sur le pommier devant la maison. Il y en a des centaines, tout au long de l'allée… »

Les ciseaux et l'aiguille

Un roi rendit un jour visite au grand mystique soufi Farid. S'inclinant devant lui, il lui offrit un présent d'une grande valeur, un objet d'une rare beauté, une paire de ciseaux en or incrustés de diamants. Farid prit les ciseaux en main, les admira et les rendit à son visiteur en disant :

— Merci, Sire, pour ce cadeau précieux. L'objet est magnifique, mais je n'en ai pas l'usage. Donnez-moi plutôt une aiguille. Je n'ai que faire d'une paire de ciseaux.

— Je ne comprends pas, fit le roi, si vous avez besoin d'une aiguille, il vous faudra aussi les ciseaux !

— Non, expliqua Farid. Les ciseaux coupent et séparent. Je n'en ai pas besoin. Une aiguille, par contre, recoud ce qui a été défait. Mon enseignement est fondé sur l'amour, l'union, la communion. Il me faut une aiguille pour restaurer l'unité. Les ciseaux déconnectent et tranchent. Apportez-moi une aiguille ordinaire quand vous reviendrez me voir, cela suffira.

Il n'y a pas de coiffeur dans cette ville !

Soudain, le coiffeur se permit une réflexion forte : « Il n'y a pas de Dieu ! — Et pourquoi donc ? interrogea son client. — S'il existait, il n'y aurait pas tout ce mal et ces êtres mauvais comme Hitler, Staline et tant d'autres », répondit-il aussitôt. L'homme qui se faisait coiffer, un modeste croyant, opposa quelques arguments, mais en vain. Notre coiffeur avait des idées bien arrêtées.

La coupe achevée, le service payé, le client s'en alla. Un peu plus loin, au coin d'une rue, il croisa un pauvre hère à la coiffure longue et désordonnée, à la barbe généreuse et hirsute. Il fit alors demi-tour à grandes enjambées et rentra dans le salon de coiffure. Sans les salutations d'usage, il interpella le coiffeur : « Il n'y a pas de coiffeur dans cette ville ! — Et moi, alors ? — Non, il n'y a pas de coiffeur dans cette ville ! Je viens de voir un homme à la chevelure démesurée et à la barbe non taillée. C'est bien la preuve ! — Mais je n'en peux rien s'il ne franchit jamais la porte de mon salon et ne s'adresse pas à moi, répliqua le coiffeur. — Tu vois, il en va de même pour Dieu ! »

Des nœuds sur le fil

Un vieux rabbin évoquait cette image : « Chacun de nous est relié à Dieu par un fil. Lorsqu'on commet une faute, le fil se casse. Mais lorsqu'on regrette sa faute, Dieu fait un nœud dans le fil. Le fil s'en trouve raccourci… et le pécheur est plus près de Dieu ! »
Ainsi, de faute en repentir et de nœud en nœud, nous allons quand même vers Dieu. Chacun de nos péchés peut devenir l'occasion de nous rapprocher de son cœur. Tout est grâce, même les péchés.

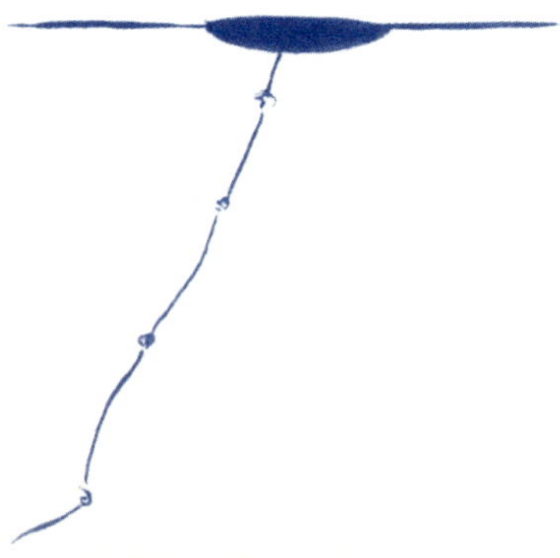

Le berger qui en voulait trop

Il était une fois un jeune berger qui avait besoin d'argent pour soigner sa vieille mère. Il sculpta une flûte dans un morceau de bambou. « Qui sait ? se disait-il. En m'exerçant, je pourrais devenir musicien du roi, et mes poches s'empliraient d'or ! »
Le voilà qui commence à jouer. Et ses doigts agiles se mettent à gambader tout seuls, comme par enchantement, au point qu'il ne peut plus les arrêter ! Très en colère, il jette la flûte et celle-ci se brise en trois. C'est alors qu'apparaît devant lui une jeune fille d'une grande beauté…
— Je suis la fille du roi et ma solitude est grande. Accepterais-tu de la rompre comme tu as brisé cette flûte ? J'aimerais t'épouser.
Le jeune berger accepte avec empressement ! Mais la princesse ajoute d'un air grave :
— J'y mets une condition. Je t'épouserai si, pendant quarante jours, tu n'adresses la parole à personne. Le quarante et unième jour, je t'apparaîtrai à nouveau et nous fixerons la date des noces.

Trente-neuf jours passent. Au matin du quarantième, le berger, toujours muet, arrive dans la capitale. Une foule immense entoure le palais en criant : « Le roi est mort ! » Par crainte de se mettre à crier lui aussi, le futur prince s'éloigne. Parvenu derrière le palais, il y fait une rencontre inattendue… Une femme drapée de noir l'aborde par ces mots :
— Je suis la reine. Me voici veuve. Nos traditions légendaires veulent que j'épouse le premier homme qui s'offre à ma vue après la mort du roi. Veux-tu m'épouser ?
Une tempête éclate dans la tête du berger. Non seulement il ne doit pas parler… mais il ne peut pas accepter cette demande en mariage : il est engagé ! Des pensées contraires s'affrontent en lui : « J'ai promis… mais c'est la chance de ma vie… je dois épouser une princesse… mais une reine vaut mieux encore… si j'épouse la reine, je deviendrai tout-puissant et ma fortune me permettra de soigner ma mère… »
Le berger laisse s'écouler quelques minutes qui lui paraissent longues comme des siècles. Enfin, il répond :
— Oui, je le veux.
À l'instant même, la reine disparut comme elle était venue. Et il ne revit jamais la princesse. Pour avoir trop voulu, il avait tout perdu…

Le cadeau de l'escargot

Un beau jour, il y a très longtemps, les animaux décidèrent de remercier Dieu pour tout ce qu'il leur avait donné. Ils voulurent pour cela se rendre à l'endroit le plus haut du monde. Mais seul l'escargot savait où se trouvait cet endroit :
— La montagne où nous devons aller se trouve à l'autre bout du monde. Venez, je vais vous montrer le chemin.
L'escargot se mit en route et les autres animaux lui emboîtèrent le pas. Que le chemin monte ou descende, ils n'avaient pas de mal à suivre l'escargot, car celui-ci laissait derrière lui une trace qui brillait tellement qu'elle était bien visible, de nuit comme de jour.
Tous les animaux arrivèrent finalement en vue de la montagne. On aurait dit que son sommet touchait le ciel :
— On y est, escargot, dirent les autres animaux. Continuons jusqu'au sommet !
Mais l'escargot ne répondit rien.

Toc toc… Ils se hasardèrent à frapper légèrement sur sa coquille. L'escargot était mort. Mais il avait donné tout ce qu'il pouvait, il avait donné tout ce qu'il avait — une trace lumineuse et brillante — pour montrer aux autres le chemin vers Dieu.

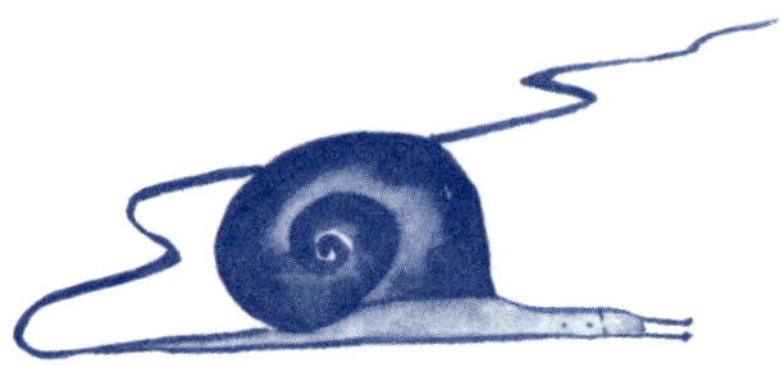

Socrate au marché

En véritable philosophe qu'il était, Socrate était d'avis que toute personne sage devait mener une vie frugale. Lui-même ne portait même pas de chaussures ; et portant, il tombait constamment sous le charme du marché et s'y rendait souvent pour regarder toutes les marchandises qui y étaient exposées. À l'un de ses amis qui lui demandait pourquoi, Socrate dit : « J'aime aller là et découvrir le nombre de choses sans lesquelles je suis parfaitement heureux. » La spiritualité, c'est non pas savoir ce que l'on veut, mais comprendre ce dont on n'a pas besoin.

Restons zen !

Un jeune garçon s'énervait facilement et cela finissait par irriter ses parents. Un jour, son père lui donna un sac de clous et lui dit :
— Chaque fois que tu perds ton sang-froid, au lieu de t'énerver, va enfoncer un des clous dans la barrière, au fond du jardin.
Le lendemain, le garçon enfonça trente-sept clous dans la barrière. Le garçon comprit qu'il était plus simple de se maîtriser et de garder son sang-froid que de sortir pour aller enfoncer des clous dans du bois dur.
Le surlendemain, il y en eut moins. Et les jours suivants, de moins en moins.
Un beau jour, il dit à sont père :
— Maintenant, j'arrive à moins m'énerver, je suis plus zen…
Son père lui répondit :
— Alors, chaque jour où tu arriveras à garder ton sang-froid, tu pourras retirer un des clous de la barrière.

Et il fit ainsi chaque jour, jusqu'au jour où il n'y eut plus de clous dans la clôture.
Le père prit alors son fils par le bras et l'emmena dans le fond du jardin, devant la barrière.
Il lui dit :
— Tu as fait ce qu'il fallait faire… Mais regarde tous ces trous ! La barrière ne sera plus jamais pareille, elle ne sera plus aussi belle et lisse qu'auparavant. Il en va de même lorsque tu te fâches ou que tu t'énerves : cela laisse des traces autour de toi… Des traces qui ne disparaissent pas vite !

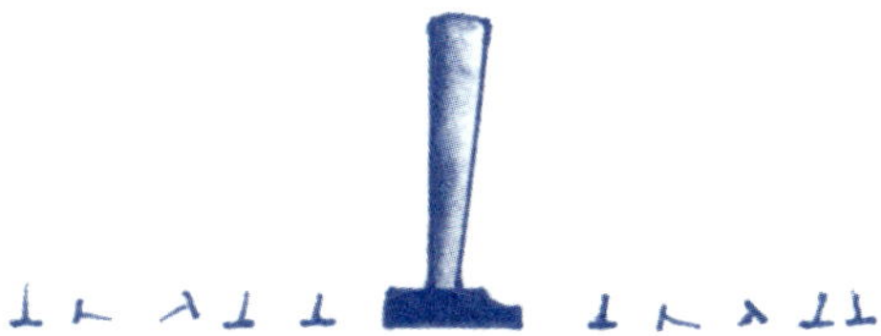

Huile de foie de morue pour chien

Un homme se mit à donner de généreuses doses d'huile de foie de morue à son doberman, parce qu'on lui avait dit que c'était bon pour les chiens. Chaque jour, il tenait entre ses genoux la tête du chien rétif, lui ouvrait la gueule et lui versait le liquide dans la gorge. Un jour, le chien se libéra et répandit l'huile sur le plancher. À ce moment, au grand étonnement de l'homme, le chien revint lécher la cuillère. Ce qui fit comprendre à l'homme que ce contre quoi luttait le chien, ce n'était pas l'huile, mais la manière dont on la lui faisait prendre.

La foi chrétienne est trinitaire

On raconte qu'au siècle dernier, dans le diocèse du Puy, un vicaire général interrogeait un tout jeune garçon désirant devenir prêtre. Monseigneur « le Grand Vicaire », s'enquérant des connaissances religieuses de l'enfant, lui demande un résumé de la foi catholique. Et l'enfant, gravement, de tracer sur lui le signe de la croix, en en redisant lentement les paroles. Puis il se tait. « Est-ce tout ? », s'inquiète le prélat. « C'est tout », répond l'enfant.
C'est bien tout, en effet : toute la foi, la liturgie, la vie chrétienne.

Akbar au temps du namaaz

L'empereur mongol Akbar chassait un jour dans la forêt. L'heure venue pour la prière du soir, il descendit de cheval, étendit un tapis sur le sol et s'agenouilla pour prier, comme font partout les musulmans dévots.

Or, juste à ce moment, une paysanne toute bouleversée par la disparition de son mari, parti ce matin-là et pas encore revenu, passa par là à toute vitesse, cherchant anxieusement son mari. Dans sa préoccupation, elle ne remarqua pas la forme agenouillée de l'empereur et buta contre lui, puis se releva et, sans un mot d'excuse, continua sa course dans la forêt.

Akbar fut agacé par cette interruption. Comme, tout de même, c'était un bon musulman, il observa la règle qui défend de parler à qui que ce soit durant le namaaz.

Mais, juste au moment où sa prière prenait fin, la femme revint toute joyeuse en compagnie de son mari retrouvé. Elle fut surprise et effrayée

d'apercevoir là l'empereur et son escorte. Akbar donna libre cours à sa colère et lui cria : « Expliquez votre comportement irrespectueux ou je vous fais châtier. »
La femme perdit soudain toute sa peur, regarda l'empereur dans les yeux et dit : « Majesté, j'étais tellement absorbée dans la pensée de mon mari que je ne vous ai pas vu ici, même pas lorsque j'ai buté contre vous. Mais vous, quand vous étiez au namaaz, vous étiez absorbé en Quelqu'un de bien plus précieux que mon mari : comment se fait-il que vous m'ayez remarquée ? »
L'empereur, honteux, se tut. Plus tard, il confia à ses amis qu'une paysanne qui n'était ni lettrée ni mullah lui avait enseigné le sens de la prière.

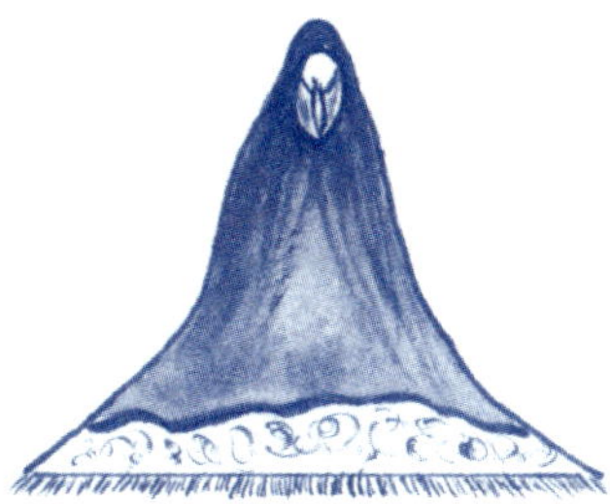

Cette croix-là…

En Pologne, à l'époque du régime soviétique. Le directeur de l'école a pris la croix qu'un de ses élèves avaient au cou et, devant tous, l'a piétinée. L'enfant regarde alors son directeur et, lentement, fait le signe de la croix. « Vous avez piétiné ma petite croix en bois, mais celle-là, vous ne pourrez pas me l'enlever. »

Le fil de l'araignée

Une jeune araignée, portée par son fil à travers les airs, fut un jour arrêtée par la cime d'un arbre très élevé. Elle inspecta les environs et secréta un fil nouveau qui la déposa sur un buisson. Elle tissa sa toile en prenant appui sur le fil qui lui avait servi à descendre et en fixant les autres coins aux branches du buisson.

La toile attrapait les mouches à merveille et, des insectes capturés la nuit, l'araignée faisait deux parts : la première était destinée au petit déjeuner, la seconde, patiemment momifiée, grossissait ses réserves. Mangeant à sa faim, notre jeune araignée devint toute ventrue.

Un matin, elle se réveilla sur un paysage noyé de brouillard. Pas une mouche à l'horizon. Cela la mit de mauvaise humeur. Elle fit le tour de sa toile, répara quelques déchirures, et arriva bientôt au fil qui partait de l'extrémité supérieure de sa toile et conduisait à la cime de l'arbre. Mais elle n'en voyait pas le bout qui se perdait dans les hauteurs.

Où pouvait bien conduire ce fil élancé vers le ciel ? Et à qui servait-il ?

Elle ne se souvenait de rien. D'un coup sec et d'une seule morsure, elle le brisa. Au même moment, la toile s'affaissa et l'araignée se retrouva inerte au milieu du buisson d'épines, enveloppée dans les débris enchevêtrés de ce qui avait été son beau travail. »

Le toucan et le colibri

Un immense incendie ravage la jungle. Affolés, les animaux fuient en tout sens. Seul un colibri, sans relâche, fait l'aller-retour de la rivière au brasier, une minuscule goutte d'eau dans son bec, pour la déposer sur le feu.

Un toucan à l'énorme bec l'interpelle :

— Tu es fou, colibri, tu vois bien que cela ne sert à rien.

— Oui, je sais, réponds le colibri, mais je fais ma part. »

Le pigeon et le gros camion

Une amie raconte comment, à l'heure de pointe, elle fut prise dans une file à l'approche d'un carrefour.
En sens inverse, les voitures arrivaient, nombreuses. Elle, elle était à l'arrêt. Tout à coup, un pigeon vient se poser sur la bande de gauche. Pour sûr qu'il va se faire écraser, avec un tel trafic. Et pourtant, le premier automobiliste freine, donne un coup de volant, et l'évite de justesse. Ouf! Le pigeon est toujours là, intrépide.
Une seconde voiture se profile. L'évitera-t-elle aussi ? Oui, et de la même manière : coup de frein, rapide écart. Une fois encore, ouf! Mais la situation se corse.
Cette fois, c'est un gros camion qui s'amène avec son train d'empereur. Ici, mieux vaut se voiler le visage pour ne pas voir le carnage. Car le pigeon est toujours là. C'est alors que cette amie fut témoin d'un prodige. Elle entendit le poids lourd s'arrêter net. Elle rouvrit les yeux et vit le chauffeur descendre de sa cabine, gentiment faire signe

au pigeon de s'envoler, puis reprendre la route paisiblement. Derrière son véhicule, les voitures n'avaient qu'à attendre. Il s'était arrêté pour un oiseau.

Et toi, pour qui, pour quoi t'arrêterais-tu dans ta course un peu folle ?

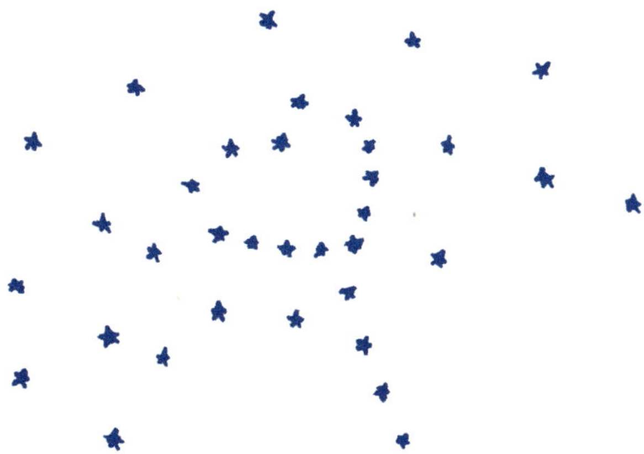

La graine minuscule

C'était au Viêt Nam. Un jour d'été, quelques collégiens dont j'étais, se proposèrent de faire une excursion en montagne. Nous choisîmes un rocher de moins de mille mètres, mais très escarpé. Après pas mal de peine, surtout à cause de la chaleur tropicale, nous arrivâmes enfin au sommet où nous découvrîmes un petit plateau rocailleux recouvert d'herbes roussies par le soleil. Au milieu du plateau gisait une grosse pierre rectangulaire présentant une surface presque égale. Cette pierre dont je vais vous raconter l'histoire nous servait cette fois-là de quartier général.

L'été suivant, l'envie me prit un jour d'aller me recueillir seul sur cette montagne. Ce que je fis. Arrivé au sommet, je retrouvai sans peine la pierre en question. Je voulais m'asseoir dessus, mais elle était déjà brûlante malgré l'heure matinale. Je remarquai alors une petite plante qui poussait dans une fente au milieu de la pierre. C'était une espèce tropicale appelée banian (figuier) dont les graines sont minuscules, mais dont les sujets adultes aux branches étayées de nombreuses racines aériennes sont autrement impressionnants que les chênes et les hêtres. Une graine de cette espèce était tombée, Dieu sait comment, dans la fente et, y ayant trouvé un peu de mousse, avait germé et poussé. J'aurais pu arracher cette petite plante du bout des doigts, mais à quoi bon ! En redescendant, je l'avais complètement oubliée…

Longtemps après, toujours en été, je voulus grimper encore une fois sur cette montagne. Quel ne fut pas mon étonnement lorsque, encore loin, je voyais se dresser, à la place même où devait se trouver la pierre, un arbre puissant aux troncs multiples. Ma surprise fut totale quand, arrivé sur place, je constatai que la pierre était brisée en deux, et visiblement soulevée par les racines de l'arbre…

Ainsi donc, comme une dynamite, mais sans bruit ni éclat, une graine minuscule avait fait sauter une grosse pierre…

Regardant alors en bas, je voyais, tel un océan d'or, d'immenses rizières gorgées d'eau qui s'étendaient jusqu'à l'horizon et que la brise faisait onduler en vagues successives : la moisson s'annonçait proche et abondante…

Ce spectacle me fit penser irrésistiblement à la puissance de la parole de Dieu. Puissance de fécondité : comme des grains de riz semés puis repiqués en bonne terre, elle porte du fruit au centuple. Puissance

d'action : comme une semence de banian, elle brise tout, renverse tout, bouscule tout, pour germer et pour pousser…
Pourvu qu'elle trouve une fente, même toute petite, dans la pierre du cœur de l'homme.

La cruche fissurée

Un vendeur d'eau, chaque matin, se rend à la rivière, remplit ses deux cruches, part vers la ville distribuer l'eau à ses clients. Une des cruches, fissurée, perd de l'eau ; l'autre, toute neuve, rapporte plus d'argent. La pauvre fissurée se sent inférieure. Elle décide, un matin, de se confier à son patron.

— Tu sais, dit-elle, je suis consciente de mes limites. Tu perds de l'argent à cause de moi, car je suis à moitié vide quand nous arrivons en ville. Pardonne mes faiblesses.

Le lendemain, en route vers la rivière, notre patron interpelle sa cruche fissurée, et lui dit :

— Regarde sur le bord de la route,

— C'est joli, c'est plein de fleurs.

— C'est grâce à toi, réplique le patron. C'est toi qui, chaque matin, arrose le bas-côté de la route. J'ai acheté un paquet de graines de fleurs et je les ai semées le long de la route, et toi, sans le savoir et sans le vouloir, tu les arroses chaque jour. Ne l'oublie jamais : nous sommes tous un peu fissurés, mais Dieu, si nous le lui demandons, sait faire des merveilles de nos faiblesses.

Le poison pour la belle-mère

Il était une fois une jeune femme nommée Fatima qui était constamment harcelée par sa belle-mère. Finalement, Fatima ne parvint plus à supporter ce traitement et se rendit chez l'herboriste local pour acheter du poison destiné à tuer la vieille femme. Après mûre réflexion, l'herboriste lui proposa une potion très parfumée. Il lui expliqua que cette potion devrait être appliquée chaque jour sur la peau par massage et que la belle-mère de la jeune femme en mourrait après six semaines. Fatima suivit ses instructions. Chaque jour, elle fit un massage à sa belle-mère. Peu à peu, le mauvais caractère de la vieille femme sembla se dissiper et des liens de sympathie se créèrent entre les deux femmes, et elles commencèrent à se comprendre. Fatima commença à regretter d'avoir voulu tuer sa belle-mère et, à mesure que le temps passait, elle devint de plus en plus inquiète. Finalement, elle retourna chez l'herboriste et le supplia de lui donner un antidote à son poison.

Le sage vieillard sourit et expliqua qu'un antidote n'était pas nécessaire. Le poison qu'elle avait cru administrer à sa belle-mère par massage était une simple mixture d'huiles aromatiques et constituait le meilleur antidote à sa situation.

Une carte du monde déchirée

Le père lit le journal, mais son fils le dérange à tout instant. Agacé, il prend une vieille carte du monde, parue dans un journal, la déchire et en jette les morceaux à l'enfant : « Tiens, lui dit-il, refais cette carte. Cela t'occupera. »
Pas facile, n'est-ce pas, pour un petit gamin. Mais le père n'a pas fini de lire l'éditorial, que l'enfant revient tout rayonnant : « Voilà, papa, j'ai refait le monde. » En quelques minutes, il avait réussi cette mise en ordre.
« Comment as-tu fait ? », lui demande son père qui ne revient pas de son étonnement en constatant que chaque partie est vraiment à sa place.
« Ce n'était pas tellement difficile, dit l'enfant. Au verso se trouvait dessiné un homme ; alors j'ai refait l'homme et le monde se trouvait refait du même coup. »

La souris et l'éléphant

Tout était prêt pour la représentation du cirque ce soir-là. Déjà, les gens se massaient sous le chapiteau. C'est alors que le responsable du spectacle remarqua, sur la piste, une petite souris qui se promenait. Il fallut tout arrêter. Peu de gens savent qu'une si petite bête fait peur au plus grand des mammifères terrestres. En effet, ce genre d'animal peut s'introduire dans la trompe du pachyderme et c'est la catastrophe. Il devient fou furieux. Ce sont alors des dégâts plus graves que dans un magasin de porcelaine. Un véritable danger donc.
Un simple ouvrier fut dépêché par le directeur pour capturer discrètement le petit rongeur. Ce qui fut fait. Le spectacle put alors commencer. « Je n'ai fait que mon devoir », aurait pu dire cet ouvrier, à la manière de Jésus dans une parabole. N'empêche que, ce soir-là, le véritable artiste, c'était lui !

Le tsar et la chemise

Dans l'ancienne Russie, il advint un jour que le tsar fut pris d'une terrible maladie. Pauvre homme ! Il n'avait plus goût à rien. La vie lui paraissait vaine et gratuite. Tous les médecins du royaume se succédaient à son chevet, mais aucun ne parvenait à soigner sa mélancolie… Jusqu'au jour où un grand sage trouva enfin un remède.
— Le tsar peut être guéri, affirma-t-il. Il suffit pour cela de trouver un homme parfaitement heureux, de lui enlever sa chemise et de demander au tsar de la mettre. Alors notre souverain guérira !
Aussitôt des émissaires écumèrent le royaume à la recherche d'un homme parfaitement heureux. Mais hélas, trouver un homme content de tout semblait impossible. Celui qui était riche était malade. Celui qui était en bonne santé se plaignait de sa pauvreté ou de sa femme et de ses enfants. Tous, sans exception, reprochaient quelque chose à la vie. Un jour cependant, passant devant une misérable petite isba, le fils du tsar entendit une voix venant de l'intérieur qui disait : « Ah, quel

bonheur ! J'ai bien travaillé ! J'ai bien mangé ! Je peux désormais aller dormir. Que demander de plus à la vie ? »
Le fils du tsar bondit de joie. Il avait enfin trouvé la perle rare. Il appela ses serviteurs et demanda qu'on entre aussitôt chez cet homme, qu'on lui achète sa chemise à prix d'or et qu'on la porte au tsar, son père. Les serviteurs s'empressèrent d'investir la maison pour s'emparer de la chemise de l'homme heureux. Mais celui-ci l'avait déjà donnée !

Le sable et les deux mains

Georges, un garçon de treize ans, se promenait sur la plage en compagnie de sa maman.

Et subitement, il demanda : « Maman, comment fait-on pour garder un ami quand finalement on en a trouvé un ? »

La maman réfléchit quelques instants, puis se baissa et pris deux poignées de sable. Tenant les paumes vers le haut, elle ferma une main et pressa fortement : le sable s'échappa entre les doigts et plus elle serrait le poing, plus le sable s'enfuyait.

Par contre, l'autre main elle la tenait bien ouverte : le sable resta intégralement.

Georges observa la démonstration avec étonnement, puis s'écria : « Je comprends ! »

La porte sans clenche

En Angleterre, il y a un certain nombre d'années, une peinture fit parler d'elle. Elle représentait Jésus qui se tenait devant une maison et frappait à la porte. Les gens qui virent la peinture la trouvèrent très belle. Jusqu'à ce qu'un observateur attentif remarque quelque chose d'étrange. Il alla trouver l'artiste qui avait peint le tableau et lui dit :
— C'est une très belle peinture, mais vous avez oublié un détail : la porte à laquelle Jésus frappe n'a pas de clenche. Comment pourrait-il entrer ?
L'artiste répondit :
— Cette porte, c'est la porte de notre cœur. On ne peut l'ouvrir que de l'intérieur.

Les deux sandales

En Inde, les trains sont toujours bondés. Un jour, un passager qui était assis sur le toit même du wagon perdit l'une de ses sandales, qui tomba à l'extérieur. Aussitôt, il saisit sa deuxième sandale et la jeta le long de la voie.
L'un des passagers assis à côté de lui s'en étonna.
L'homme lui répondit :
Je n'ai que faire d'une seule sandale. Et si quelqu'un trouve celle qui est tombée, elle ne lui sera pas davantage utile. Autant trouver la paire.

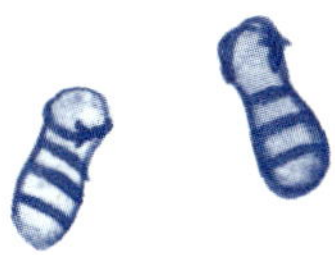

Les deux savants et le lion

Deux grands savants, l'un plus que l'autre — mais dites-moi lequel —, se promenaient dans le désert et parlaient de science. Une science qui les rendrait plus grand que Dieu.
— Je pourrais, dit le premier, si je rencontrais une carcasse d'animal, la recouvrir à nouveau de chair.
Et son compagnon, imbu d'orgueil, d'ajouter :
— Et moi, je lui rendrais vie. La science fait de nous des dieux !

Le hasard voulu que, quelques heures plus loin, sous un soleil de plomb — ne finit-il pas par leur taper sur la tête ? —, ils aperçurent, entièrement enfoui dans le sable, les restes d'un lion. Le premier passa tout de suite à l'acte : quelques gouttes de son élixir sur un des os, et tous les attributs royaux du fauve se mirent à repousser. Le second dut aussi faire ses preuves. D'abord quelques gouttes sur le front du lion. La bête remua un peu puis retomba dans son sommeil. Il fallait encore quelques gouttes. À nouveau, le roi du désert s’ébroua, ouvrant un instant l’œil. Enfin, les trois dernières gouttes firent l’affaire : il se dressa sur ses quatre pattes et dévora les deux savants ! Puis il s’en alla. Sans doute à la recherche d’un peu de tendresse…

Regarde dans ce miroir

Un homme dont la richesse avait endurci le cœur et qui se sentait malheureux s'en vint trouver un Rabbi dans l'espoir de retrouver la joie. Le Rabbi lui dit :

— Regarde par la fenêtre et dis-moi ce que tu vois.

— Je vois des hommes dans la rue qui vont et viennent.

Alors le Rabbi lui tendit un miroir et lui dit :

— Regarde dans ce miroir et dis-moi ce que tu vois.

— Je me vois moi-même !

— Et tu ne vois plus les autres ? Songe que la fenêtre et le miroir sont tous deux faits avec la même matière : le verre ; mais le miroir ayant été recouvert d'argent par derrière, tu n'y vois plus que toi-même. Tu es comme ces deux espèces de verre. Pauvre, tu voyais les autres et tu en avais compassion. Couvert d'argent, tu ne vois plus que toi-même. Sans doute faudrait-il gratter le revêtement d'argent pour qu'à nouveau tu puisses voir les autres…

Les deux baguettes

Un mandarin partit un jour dans l'au-delà. Il arriva d'abord en enfer. Il y vit beaucoup d'hommes attachés devant des plats de riz, mais tous mourraient de faim, car ils avaient des baguettes de deux mètres, et ne pouvaient s'en servir.

Puis il alla au ciel. Là aussi, il vit beaucoup d'hommes attachés devant des plats de riz ; et tous étaient heureux et en bonne santé, car eux aussi avaient des baguettes longues de deux mètres, mais chacun s'en servait pour nourrir celui qui était assis en face de lui.

Thèmes évoqués

Les numéros renvoient aux numéros des pages.

Sources

Note de l'éditeur

La plupart des textes repris dans ce volume font partie de la tradition orale mondiale. Souvent, les ouvrages dans lesquels ils ont été publiés n'ont fait que reproduire, encore et encore, ces textes dont l'origine se perd souvent dans la nuit des temps. Au fil des reproductions et selon les besoins, ils ont été modifiés, réécrits, raccourcis, embellis… ou abîmés. Sauf pour quelques-uns de ces textes, que nous mentionnons ci-dessous, l'origine de ces textes n'est pas indiquée, car elle nous est inconnue. Que le lecteur veuille bien nous pardonner cette omission.

7 « Le mystère de l'attaché-case », Maurice GOUNON, *Histoires vraies* n° 261, publication trimestrielle de la Fondation AJD-Maurice Gounon.

12 « La bicyclette jaune », in Pierre MOURLON BEERNAERT, *Récits et paraboles de vie*, tome 2, Lumen Vitae, 2006, p. 25-26.

14 « Erreur sur une soupe », d'après un texte paru dans *Direct* n° 115, octobre-novembre 1987.

17 « Porter son propre frère », dans Pierre MOURLON BEERNAERT, *Récits et paraboles de vie*, Lumen Vitae, 1999, n° 6.

20 « Je sais par elle que je suis encore vivant », Raoul FOLLEREAU, *La seule vérité c'est d'aimer*, Flammarion, 1966, p. 224-225.

22 « Un chapardeur au cœur d'or », Maurice GOUNON, *Histoires vraies* n° 239, publication trimestrielle de la Fondation AJD-Maurice Gounon.

25 « Qui plie votre parachute ? », extrait de Speakers Roundtable, *Insights Into Excellence*, Executive Books, 1992. Le chap. 16, *« Packing Parachutes »*, a été rédigé par Charlie Plumb.

36 « Il avait besoin de tous ses outils », *Saga suédoise*, in Jean VERNETTE, *Paraboles d'Orient et d'Occident*, Droguet et Ardant, 1993, p. 204-205.

40 D'après « Les ballons noirs sont tout aussi bons », Anthony DE MELLO, *Histoires d'humour et de sagesse. Dieu est là dehors*, tome II, Bellarmin et DDB, 1992, p. 118-119.

43 « Des pas sur la plage », Ademar de BARROS.

45 « La planche à roulettes », Maurice GOUNON, *Histoires vraies* n° 239, publication trimestrielle de la Fondation AJD-Maurice Gounon.

53 « Une mère d'exception », histoire racontée par le père Pirnay, reprise dans Pierre MOURLON BEERNAERT, *Récits et paraboles de vie*, Lumen Vitae, 1999, p. 25-26.

56 « Tire la corde », in Michel PIQUEMAL et Philippe LAGAUTRIÈRE, *Les philo-fables*, Albin Michel, 2003, p. 101-103.

62 « Jean Valjean et les couverts en argent », d'après Victor HUGO, *Les misérables*, J. HETZEL et A. LACROIX, 1865.

67 « Vivre le moment présent », in Jean VERNETTE, *Paraboles pour le chemin*, Presses de la Renaissance, 2000, p. 126-127.

75 « Un peu de riz », TERESA DE CALCUTTA, *La joie du don*, Seuil, 1975, p. 53.

78 « La plus belle émeraude du monde », Paolo COELHO, *L'alchimiste*, Anne Carrière, 1994.

79 « Histoire de larves », d'après Walter DUDLEY CAVERT.

81 « Le petit grain d'or », Rabindranath TAGORE, *L'Offrande lyrique*, Gallimard, 1963, p. 80 (poème 50).

87 « La longue prière pour les humains », d'après Maxime GORKI, *Ma vie d'enfant*, Calmann-Lévy, 1922, p. 158-160.

89 « La perle précieuse », in Michel PIQUEMAL et Philippe LAGAUTRIÈRE, *Les philo-fables*, Albin Michel, 2003, p. 20-21.

91 « Utiliser toutes nos forces », Bruno FERRERO.

92 « L'ordre du monde », in Marie FAUCHER, *Contes des sages qui s'ignorent*, Seuil, 2005, p. 65-66.

95 « Le voleur de hache », in *Parabole du Maître Lie-Tseu*, IIIe siècle, cité par Jean VERNETTE, *Paraboles pour aujourd'hui*, Droguet et Ardant, 1991, p. 172.

97 « Les bras du Christ », d'après Rodolphe de ROBIANO, in *Au seuil d'aujourd'hui*, Fidélité, 1992, p. 29.

105 « Les piquants des porcs-épics », Arthur SCHOPENHAUER, *Parerga et Paralipomena*, Alcan, 1908.

106 D'après un conte perse d'Amar, poète mystique du XIIe siècle, « La fourmi amoureuse ».

109 « Vivre sa vie », in Marie FAUCHER, *Contes des sages qui s'ignorent*, Seuil, 2005, p. 49.

110 « Deux frères qui s'aimaient », Antony DE MELLO, *Dieu est là, dehors*, Bellarmin et Desclée de Brouwer, 1990, p. 91-92.

113 « Le premier compagnon d'Emmaüs », histoire racontée par l'abbé Pierre in l'ABBÉ PIERRE et Bernard KOUCHNER, *Dieu et les hommes*, Robert Laffont, 1993, p. 229-230.

118 « Le grand ravin », in revue *Chanteclerc*, juillet-août 2000, Abbaye cistercienne d'Oka.

120 « Le bruit d'un criquet (La pièce d'argent) », in *Samuel 1*, 2006-2007, Chantal LETERME, adaptation Geneviève Rousseau.

122 « L'assemblée des souris », in *Samuel 6*, 2009, Chantal LETERME, adaptation Geneviève Rousseau.

124 « Le foulard blanc », Guy GILBERT, *L'évangile selon saint Loubard*, Philippe Rey, 2003, p. 155-156.

126 « Les ciseaux et l'aiguille », in Jean VERNETTE, *Paraboles d'Orient et d'Occident*, Droguet et Ardant, 1993, p. 206-207.

127 « Il n'y a pas de coiffeur dans cette ville », d'après une histoire racontée par Pie Tshibanda.

131 « Le cadeau de l'escargot », in *Samuel 7*, 2006-2007, Chantal LETERME, adaptation Geneviève Rousseau.

133 « Socrate au marché », Anthony DE MELLO, *Histoires d'humour et de sagesse. Dieu est là dehors*, tome 2, Bellarmin et Desclée de Brouwer, p. 90.

134 « Restons zen ! » in *Samuel 8*, 2006-2007, adaptation Chantal LETERME et Geneviève ROUSSEAU.

136 « Huile de foie de morue pour le chien », Anthony DE MELLO, *Histoires d'humour et de sagesse. Dieu est là dehors*, tome 2, Bellarmin et Desclée de Brouwer, p. 20.

137 « La foi chrétienne est trinitaire », in Jean-Noël BEZANÇON, *Dieu n'est pas solitaire*, Desclée de Brouwer, 1999, p. 12.

138 « Akbar au temps du namaaz », Antony DE MELLO, *Dieu est là, dehors*, Bellarmin et Desclée de Brouwer, 1996, p. 47-48.

141 « Le fil de l'araignée », Johannes JÖRGENSEN.

149 « La cruche fissurée », Père Luc LAFLEUR, in *Les Annales d'Issoudun*, novembre 1999, p. 12.

157 « Le sable et les deux mains », in Bruno Ferrero, *Comme un parfum de rose*, Signe, 1997, p. 30.

158 « La porte sans clenche », in *Samuel 8*, 2006-2007, Chantal Leterme, adaptation Geneviève Rousseau.

159 « Les deux sandales », histoire indienne contemporaine rapportée par Jean-Claude Carrière, dans Michel Piquemal et Philippe Lagautrière, *Les philo-fables*, Albin Michel, 2003, p. 74.

160 D'après « Les deux savants et le lion », in Henri Gougaud, *Contes des sages soufis*, Seuil, 2004, p. 88-93.

Table des contes et paraboles

2e tirage achevé d'imprimer le 30 novembre 2011
sur les presses de l'imprimerie Snel,
à 4041 Vottem (Belgique)